QINHEFENGYUN　　HUANXINGQINHE

沁河风韵系列丛书　　主编丨行　龙

唤醒沁河

沁河旅游中的传统重生

刘政芳丨著

山西出版传媒集团　　山西人民出版社

图书在版编目（CIP）数据

唤醒沁河：沁河旅游中的传统重生／刘改芳著．—
太原：山西人民出版社，2016.5
　（沁河风韵系列丛书／行龙主编）
　ISBN 978 - 7 - 203 - 09602 - 3

　Ⅰ．①唤… Ⅱ．①刘… Ⅲ．①地方旅游业 - 旅游业发
展 - 研究 - 山西省　Ⅳ．①F592.725

中国版本图书馆 CIP 数据核字（2016）第 122743 号

唤醒沁河：沁河旅游中的传统重生

丛书主编：行　龙
著　　者：刘改芳
责任编辑：李建业

出 版 者：山西出版传媒集团·山西人民出版社
地　　址：太原市建设南路 21 号
邮　　编：030012
发行营销：0351—4922220　4955996　4956039　4922127（传真）
天猫官网：http：//sxrmcbs. tmall. com　电话：0351—4922159
E - mail：sxskcb@ 163. com　发行部
　　　　　　sxskcb@ 126. com　总编室
网　　址：www. sxskcb. com

经 销 者：山西出版传媒集团·山西人民出版社
承 印 者：山西出版传媒集团·山西新华印业有限公司

开　　本：720mm×1010mm　　1/16
印　　张：12. 5
字　　数：210 千字
印　　数：1 - 1600 册
版　　次：2016 年 6 月　第 1 版
印　　次：2016 年 6 月　第 1 次印刷
书　　号：ISBN 978 - 7 - 203 - 09602 - 3
定　　价：45. 00 元

如有印装质量问题请与本社联系调换

风韵是那前代流传至今的风尚和韵致。

沁河是山西的一条母亲河。

沁河流域有其特有的风尚和韵致，

那悠久而深厚的历史文化传统至今依然风韵犹存。

这里是中华传统文明的孵化地，

这里是草原文化与中原文化交流的过渡带，

这里有闻名于世的北方城堡，

这里有相当丰厚的煤铁资源，

这里有山水环绕的地理环境，

这里更有那独特而深厚的历史文化风貌。

由此，我们组成"沁河风韵"学术工作坊，

由此，我们从校园和图书馆走向田野与社会，

走向风光无限、风韵犹存的沁河流域。

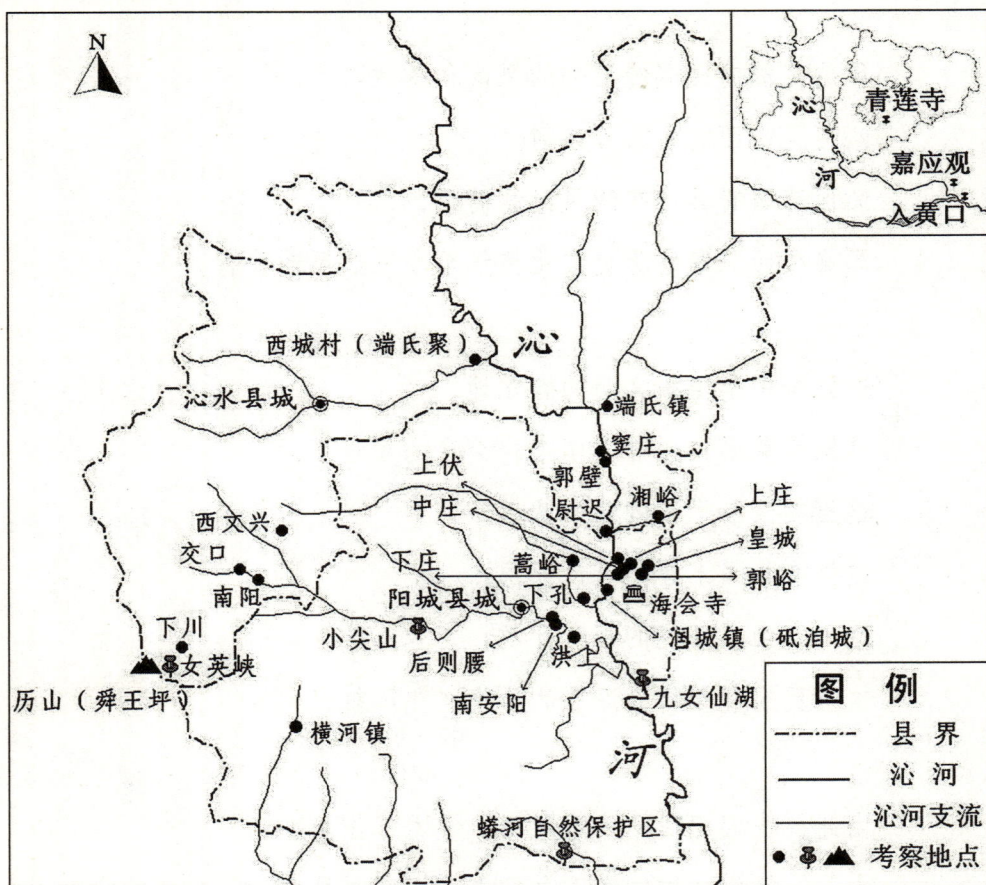

N

青莲寺
沁
河
嘉应观
入黄口

西城村（端氏聚）
沁

沁水县城
端氏镇
窦庄

上伏
郭壁
尉迟
湘峪
上庄

中庄
皇城

西文兴
下庄
嵩峪
郭峪

交口
海会寺

南阳
阳城县城
下孔
泇城镇（砥泇城）

小尖山
下川
后则腰
洪上

女英峡
南安阳
九女仙湖

历山（舜王坪）
横河镇
河

蟒河自然保护区

图　例

———·———　县　界
—————　沁　河
—————　沁河支流
● 卍 ▲　考察地点

"沁河风韵学术工作坊"集体考察地点一览图（山西大学中国社会史研究中心　李嘎绘制）

"沁河风韵学术工作坊"海报

田野考察

会议讨论

总　序

行　龙

　　"沁河风韵"系列丛书就要付梓了。我作为这套丛书的作者之一，同时作为这个团队的一分子，乐意受诸位作者之托写下一点感想，权且充序，既就教于作者诸位，也就教于读者大众。

　　"沁河风韵"是一套31本的系列丛书，又是一个学术团队的集体成果。31本著作，一律聚焦沁河流域，涉及历史、文化、政治、经济、生态、旅游、城镇、教育、灾害、民俗、考古、方言、艺术、体育等多方面，林林总总，蔚为大观。可以说，这是迄今有关沁河流域学术研究最具规模的成果展现，也是一次集中多学科专家学者比肩而事、"协同创新"的具体实践。

　　说到"协同创新"，是要费一点笔墨的。带有学究式的"协同创新"概念大意是这样：协同创新是创新资源和要素的有效汇聚，通过突破创新主体间的壁垒，充分释放彼此间人才、信息、技术等创新活力而实现深度合作。用我的话来说，就是大家集中精力干一件事情。教育部2011年《高等学校创新能力提升计划》（简称"2011计划"）提出，要探索适应于不同需求的协同创新模式，营造有利于协同创新的环境和氛围。具体做法上又提出"四个面向"：面向科学前沿、面向文化传承、面向行业产业、面向区域发展。

　　在这样一个背景之下，2014年春天，山西大学成立了"八大协同创新中心"，其中一个是由我主持的"三晋文化传承与保护协同创新中心"。在2013年11月山西大学与晋城市人民政府签署战略合作协议的基础上，在征求校内外多位专家学者意见的基础上，我们提出了集中校内外多学科同人对沁河流域进行集体考察研究的计划，"沁河风韵学术工作坊"由此诞生。

风韵是那前代流传至今的风尚和韵致。词有流风余韵，风韵犹存。

沁河是山西境内仅次于汾河的第二条大河，也是山西的一条母亲河。沁河流域有其特有的风尚和韵致：这里是中华传统文明的孵化器；这里是草原文化与中原文化交流的过渡带；这里有闻名于世的"北方城堡"；这里有相当丰厚的煤铁资源；这里有山水环绕的地理环境；这里更有那独特而丰厚的历史文化风貌。

横穿山西中部盆地的汾河流域以晋商大院那样的符号已为世人所熟识，太行山间的沁河流域却似乎是"养在深闺人不识"。与时俱进，与日俱新，沁河流域在滚滚前行的社会大潮中也在波涛翻涌。由此，我们注目沁河流域，我们走向沁河流域。

以"学术工作坊"的形式对沁河流域进行考察和研究，是由我自以为是、擅作主张提出来的。2014年6月20日，一个周五的晚上，我在中国社会史研究中心学术报告厅作了题为"鸣锣开张：走向沁河流域"的报告。在事先张贴的海报上，我特意提醒在左上角印上两行小字"一个多学科融合的平台，一个众教授聚首的场域"，其实就是工作坊的运行模式。

"工作坊"（workshop）是一个来自西方的概念，用中国话来讲就是我们传统上的"手工业作坊"。一个多人参与的场域和过程，大家在这个场域和过程中互相对话沟通，共同思考，调查分析，也就是众人的集体研究。工作坊最可借鉴的是三个依次递进的操作模式：首先是共同分享基本资料。通过这样一个分享，大家有了共同的话题和话语可供讨论，进而凝聚共识；其次是小组提案设计。就是分专题进行讨论，参与者和专业工作者互相交流意见；最后是全体表达意见。就是大家一起讨论即将发表的成果，将个体和小组的意见提交到更大的平台上进行交流。在6月20日的报告中，"学术工作坊"的操作模式得到与会诸位学者的首肯，同时我简单介绍了为什么是"沁河流域"，为什么是沁河流域中游沁水—阳城段，沁水—阳城段有什么特征等问题，既是一个"抛砖引玉"，又是一个"鸣锣开张"。

在集体走进沁河流域之前，我们特别强调做足案头工作，就是希望大家首先从文献中了解和认识沁河流域，结合自己的专业特长初步确定选题，以便在下一步的田野工作中尽量做到有的放矢。为此，我们专门请校图书馆的同志将馆藏有关沁河流域的文献集中在一个小区域，意在大家"共同分享基本资料"，诸位开始埋头找文献、读资料，校图书馆和各院系及研究所的资料室里，出现了工作坊同人伏案苦读和沉思的身影。我们还特意邀请对沁河流域素有研究的资深专家、文学院沁水籍教授田同旭作了题为"沁水古村落漫谈"的学术报告；邀请中国社会史研究中心阳城籍教授张俊峰作了题为"阳城古村落历史文化刍议"的报告。经过这样一个40天左右"兵马未动，粮草先行"的过程，诸位都有了一种"才下眉头，又上心头"的感觉。

2014年7月29日，正值学校放暑假的时机，也是酷暑已经来临的时节，山西大学"沁河风韵学术工作坊"一行30多人开赴晋城市，下午在参加晋城市主持的简短的学术考察活动启动仪式后，又马不停蹄地赶赴沁水县，开始了为期10余天的集体田野考察活动。

"赤日炎炎似火烧，野田禾稻半枯焦。"虽是酷暑难耐的伏天，但"沁河风韵学术工作坊"的同人还是带着如火的热情走进了沁河流域。脑子里装满了沁河流域的有关信息，迈着大步行走在风光无限的沁河流域，图书馆文献中的文字被田野考察的实情实景顿时激活，大家普遍感到这次集体田野考察的重要和必要。从沁河流域的"北方城堡"窦庄、郭壁、湘峪、皇城、郭峪、砥洎城，到富有沁河流域区域特色的普通村庄下川、南阳、尉迟、三庄、下孔、洪上、后则腰；从沁水县城、阳城县城、古侯国国都端氏城，到山水秀丽的历山风景区、人才辈出的海会寺、香火缭绕的小尖山、气势壮阔的沁河入黄处；从舜帝庙、成汤庙、关帝庙、真武庙、河神庙，到土窑洞、石屋、四合院、十三院；从植桑、养蚕、缫丝、抄纸、制铁，到习俗、传说、方言、生态、旅游、壁画、建筑、武备；沁河流域的城镇乡村，桩桩件件，几乎都成为工作坊的同人们入眼入心、切磋讨论的对象。大家忘记了炎热，忘记了疲劳，忘记了口渴，忘记了腿酸，看到的只是沁河流域的历史与现实，想到的只是沁河流域的文献与田野。我真的被大家的工作热情所感染，60多岁的张明远、上官铁梁教授一点不让年轻人，他们一天也没有掉队；沁水县沁河文化研究会的王扎根老先生，不顾年老腿疾，一路为大家讲解，一次也没有落下；女同志们各个被伏天的热火烤脱了一层皮；年轻一点的小伙子们则争着帮同伴拎东西；摄影师麻林森和戴师傅在每次考察结束时总会"姗姗来迟"，因为他们不仅有拍不完的实景，还要拖着重重的器材！多少同人吃上"藿香正气胶囊"也难逃中暑，我也不幸"中招"，最严重的是8月5日晚宿横河镇，次日起床后竟然嗓子痛得说不出话来。

何止是"日出而作，日入而息"，不停地奔走，不停地转换驻地，夜间大家仍然在进行着小组讨论和交流，似乎是生怕白天的考察收获被炙热的夏夜掠走。8月6日、7日两个晚上，从7点30分到10点多，我们又集中进行了两次带有田野考察总结性质的学术讨论会。

8月8日，满载着田野考察的收获和喜悦，"沁河风韵学术工作坊"的同人们一起回到山西大学。

10余天的田野考察既是一次集中的亲身体验，又是小组交流和"小组提案设计"的过程。为了及时推进工作进度，在山西大学新学期到来之际，8月24日，我们召开了"沁河风韵学术工作坊"选题讨论会，各位同人从不同角度对各选题进行了讨论交流，深化了对相关问题的认识，细化了具体的研究计划。我在讨论会上还就丛书的成书体例和整体风格谈了自己的想法，诸位心领神会，更加心中有数。

与此同时，相关的学术报告和分散的田野工作仍在持续进行着。为了弥补集体考察时因天气原因未能到达沁河源头的缺憾，长期关注沁河上游生态环境的上官铁梁教授及其小组专门为大家作了一场题为"沁河源头话沧桑"的学术报告。自8月27日到9月18日，我们又特意邀请三位曾被聘任为山西大学特聘教授的地方专家就沁河流域的历史文化作报告：阳城县地方志办公室主任王家胜讲"沁河流域阳城段的文化密码"；沁水县沁河文化研究会副会长王扎根讲"沁河文化研究会对沁水古村落的调查研究"；晋城市文联副主席谢红俭讲"沁河古堡和沁河文化探讨"。三位地方专家对沁河流域历史文化作了如数家珍般的讲解，他们对生于斯、长于斯、情系于斯的沁河流域的心灵体认，进一步拓宽了各选题的研究视野，同时也加深了相互之间的学术交流。

这个阶段的田野工作仍然在持续进行着，只不过由集体的考察转换为小组的或个人的考察。上官铁梁先生带领其团队先后七次对沁河流域的生态环境进行了系统考察；美术学院张明远教授带领其小组两赴沁河流域，对十座以上的庙宇壁画进行了细致考察；体育学院李金龙教授两次带领其小组到晋城市体育局、武术协会、老年体协、门球协会等单位和古城堡实地走访；政治与公共管理学院董江爱教授带领其小组到郭峪和皇城进行深度访谈；文学院卫才华教授三次带领多位学生赶去参加"太行书会"曲艺邀请赛，观看演出，实地采访鼓书艺人；历史文化学院周亚博士两次到晋城市图书馆、档案馆、博物馆搜集有关蚕桑业的资料；考古专业的年轻博士刘辉带领学生走进后则腰、东关村、韩洪村等瓷窑遗址；中国社会史研究中心人类学博士郭永平三次实地考察沁河流域民间信仰；文学院民俗学博士郭俊红三次实地考察成汤信仰；文学院方言研究教授史秀菊第一次带领学生前往沁河流域，即进行了20天的方言调查，第二次干脆将端氏镇76岁的王小能请到山西大学，进行了连续10天的语音词汇核实和民间文化语料的采集；直到2015年的11月份，摄影师麻林森还在沁河流域进行着实地实景的拍摄，如此等等，循环往复，从沁河流域到山西大学，从田野考察到文献理解，工作坊的同人们各自辛勤劳作，乐在其中。正所谓"知之者不如好之者，好之者不如乐之者"。

2015年5月初，山西人民出版社的同志开始参与"沁河风韵系列丛书"的有关讨论会，工作坊陆续邀请有关作者报告自己的写作进度，一面进行着有关书稿的学术讨论，一面逐渐完善丛书的结构和体例，完成了工作坊第三阶段"全体表达意见"的规定程序。

　　"沁河风韵学术工作坊"是一个集多学科专家学者于一体的学术研究团队，也是一个多学科交流融合的学术平台。按照山西大学现有的学院与研究所（中心）计，成员遍布文学院、历史文化学院、政治与公共管理学院、教育学院、体育学院、美术学院、环境与资源学院、中国社会史研究中心、城乡发展研究院、体育研究所、方言研究所等十几个单位。按照学科来计，包括文学、史学、政治、管理、教育、体育、美术、生态、旅游、民俗、方言、摄影、考古等十多个学科。有同人如此议论说，这可能是山西大学有史以来最大规模的、真正的一次学科交流与融合，应当在山西大学的校史上写上一笔。以我对山大校史的有限研究而言，这话并未言过其实。值得提到的是，工作坊同人之间的互相交流，不仅使大家取长补短，而且使青年学者的学术水平得以提升，他们就"沁河风韵"发表了重要的研究成果，甚至以此申请到国家社科基金的项目。

　　"沁河风韵学术工作坊"是一次文献研究与田野考察相结合的学术实践，是图书馆和校园里的知识分子走向田野与社会的一次身心体验，也可以说是我们服务社会，服务民众，脚踏实地，乐此不疲的亲尝亲试。粗略统计，自2014年7月29日"集体考察"以来，工作坊集体或分课题组对沁河流域170多个田野点进行了考察，累计有2000余人次参加了田野考察。

　　沁河流域那特有的风尚和韵致，那悠久而深厚的历史文化传统吸引着我们。奔腾向前的社会洪流，如火如荼的现实生活在召唤着我们。中华民族绵长的文化根基并不在我们蜗居的城市，而在那广阔无垠的城镇乡村。知识分子首先应该是文化先觉的认识者和实践者，知识的种子和花朵只有回落大地才有可能生根发芽，绚丽多彩。这就是"沁河风韵学术工作坊"同人们的一个共识，也是我们经此实践发出的心灵呼声。

"沁河风韵系列丛书"是集体合作的成果。虽然各书具体署名，"文责自负"，也难说都能运到最初设计的"兼具学术性与通俗性"的写作要求，但有一点是共同的，那就是每位作者都为此付出了艰辛的劳作，每一本书的成稿都得到了诸多方面的帮助：晋城市人民政府、沁水县人民政府、阳城县人民政府给予本次合作高度重视；我们特意聘请的六位地方专家田澍中、谢红俭、王孔根、王家胜、姚剑、乔欣，特别是王扎根和王家胜同志在田野考察和资料搜集方面提供了不厌其烦的帮助；田澍中、谢红俭、王家胜三位专家的三本著述，为本丛书增色不少；难以数计的提供口述、接受采访、填写问卷，甚至嘘寒问暖的沁河流域的单位和普通民众付出的辛劳；田同旭教授的学术指导；张俊峰、吴斗庆同志组织协调的辛勤工作；成书过程中参考引用的各位著述作者的基本工作；山西人民出版社对本丛书出版工作的大力支持，都是我们深以为谢的。

自　序

　　之前读到过"碧山计划"，了解过"许村艺术公社"，常常想，作为一个学者的社会责任不只在对学术前沿领域的追求中，更多地应该融入乡村，踏入田野，为乡土建设做自己力所能及的事情。2014年8月，我如愿以偿地随着山西大学协同创新中心沁河风韵工作组来到了沁河流域进行沁河文化实地调研，古堡、古村、山里人家；高山、流水、峡谷风光……漫步期间，常常感慨晋城之美岂是我们坐在家里可以想象的！偶与乡人交谈，人人表现出对家乡文化的自豪，处处流露出对地方发展旅游的憧憬，想象着如潮般的游客给乡村带来的变化！作为一个旅游研究者，深感于地方对发展旅游的期盼，也震撼于地方对文化旅游、乡村旅游、生态旅游建设的践行力！

　　皇城相府八音会、析城山里人家、珏山中秋民俗、蟒河生态风光、窦庄串串院落、柳氏宗族文化、天官王府秧歌演艺、历山无痕山林……破旧的官宅民居被渐渐唤醒，传统文化正在重生，沁河流域旅游开发中这样的故事不断上演。关注传统，从文化意义上讲，是对自我的尊重；从社会学的角度看，是人与社区实现互益共生关系的基础；从旅游学角度看，是为旅游者而做的乡村改变与生态关注，这种改变在客观上改变了人与社区的关系，美化了家乡，留住了乡愁。

　　沁河流域的旅游开发故事中，我常常感动于晋城各级政府在其中的关键作用，也感动于煤企在资金困境中仍然为此而付出的努力，但村民更应是主角，或多或少，或明或暗。关注他们为建设自己家乡所做的努力，点点滴滴，尽心竭力，只有这样才是不缺主角的演出。沁河之旅，愿旅行的体验不只属于游客。

目 录

CONTENTS

一、厚重古堡，生命流传

古堡之旅是当下颇为流行的旅游线路之一，古堡也成为游客追寻神秘、梦幻体验的代名词。爱尔兰的凯尔特（Celtic）城堡、德国莱茵河边从曼海姆（Mannheim）到布拉格（Prag）的城堡之路，每年数以百万的游客慕名而去。欧洲城堡大多是中世纪的产物，公元1066年至1400年是它的密集建造期。这些城堡大多是用来守卫自己的生产生活成果，或者为了更好地保护抢夺回来的胜利果实而建的。安民守业成为欧洲贵族们修建越来越多、越来越大城堡的主要原因。在中国，2007年开平碉楼的申遗成功，第一次将堡寨、碉楼这种集民居、防御式建筑为一体的遗址推入人们的视线，世界遗产的头衔也吸引着无数游客寻踪而去。"一防土匪，二防洪水"是人们对开平碉楼建造目的的简单描述，"穿着西装的中国老人"则是对开平碉楼建筑特色的精准概括，产权托管、整合管理成为开平市成功获得文化遗产称号、再造遗产社区的重要举措。

那么为什么人们对古堡之旅趋之若鹜呢？2005年夏天，上海复旦大学教授、历史学家葛剑雄先生到晋城地域专访调查时说的一段话是对这个问题的最好诠释："任何一个时期人类的家园，总会离开我们，而且会越来越远。那我们为什么还要去寻找她呢？它曾经是我们走过的路，是我们人类的童年，所以保留这样的记忆，有一种人文上的价值。而这样一些东西，如果不保留的话，它就永远失去了。那么随着时间的推移，它就会越来越值钱，越来越珍贵，所以我们保留它，就像我们看到自己孩提时代的一张张照片一样，它不会给你带来具体的物质的东西，但他有一种精神。这是我们人类的一个历史，我们国家的一个民族的历史。幸运的是这些古老的建筑，越来越多的人看到了它所蕴含的价值，漫步在这些建筑中，我们还原历史，了解我们祖先的生活，就像看我们小时候的老照片。"

史籍记载中，唐代以前，黄河流域就是古堡的世界。现今，在这一区域中留存下来的古堡多为明清遗址，以沁河流域最为集中。"山西的古堡存量最大、分布最密集、品质最高"是很多学者对山西沁河古堡的一致评价。沁河古堡是一笔珍贵的历史文化遗产，这些古堡之所以吸引人，常常是因为它高大的城墙，不同的建造风格，或古朴，或典雅，或华丽，或凝重，呈现在沁河沿岸，历经400年的风雨沧桑。城堡中的人，亦成为古堡变迁的有机载体，代代相传，生生不息，或悲痛，或欢喜，或忧伤，或洒脱，体现在日常的柴米油盐中，历经世世代代。一动一静之间，居民与古堡共同展现可持续的生命。

古堡长存，是因为这里曾发生过许多动人的故事；古堡永生，是因为这里每天仍在书写着传奇。这些故事沉淀在古堡幽深的巷道中，遗失在斑驳的石板上。在人们怀旧追远的情怀下，寻觅过去，解读从前，释放于当下。对于这里的居民，生活得更好是他们的愿望，而旅游业的发展给了他们改变当下的时机。有些古堡因旅游而兴，为自己的古堡着色，着出了最艳丽的色彩；有些古堡则试探着撕开自己的面纱，让游客一睹古堡原始的容颜。岁月有痕留在了破旧的院落、泥泞的土坡上，让游客真实地体验着古堡的岁月沧桑。

1. 为自己的古堡着色——皇城相府

沁河留存的古堡散落在沁河沿岸，曾经因为历史的变迁和环境的闭塞，在很长一段时间里，她们不再为外人所知。世上沧桑巨变，她们音容无改。1998年，皇城村的古堡以"相府"的姿态再现，这一霸气亮相凸显了北方古堡的气势，引爆了沁河众多古堡以新的姿态呈现给世人的热情。数百年的沉寂中，经过这一再现，更添了几分厚重古朴的韵味。

（1）尚书故居与相府景区

皇城相府景区位于山西省晋东南太行山腹地的沁河左岸，东距晋城市25公里，西距阳城县城15公里，晋阳高速和侯（马）月（山）铁路擦肩而过，地理位置优越，交通条件便利。皇城相府是一座古老的堡式建筑群，是典型的明清官宦巨宅、宰相府邸。它北依樊山，西临樊溪，占地面积3.6万平方米。皇城相府作为清康熙年间（1662—1722）文渊阁大学士兼吏部尚书陈廷敬的故居，始建于明宣德年间（1426—1435），距今已500多年，与清康熙年间的其他建筑结合形成了现在的格局。沁河岸边出过许多有能耐的人，皇城相府的主人——陈廷敬算是一位。陈廷敬原名陈敬，顺治十五年（1658）考中戊戌科进士。因同榜有同名者，因此朝廷给他加了一个"廷"字，改名为廷敬。此人生平好学，诗、文、乐皆佳，与清初散文家汪琬、著名诗人王士祯皆有往来，"皆能得其深处，而面目各不相假"。康熙对陈廷敬有"房姚比雅韵，李杜并诗豪"的评价。

其实，相府原名并不叫"皇城相府"。据新修《阳城县志》载："黄城，原名中道庄，因清初陈廷敬修建城墙为黄色而易名。"该志收录地名传说，关于"黄城的来历"称：清初陈廷敬当阁老后，其母想去北京看看，陈怕母亲年事已高沿途冲寒冒暑生病，便劝母亲别去，给她修个小北京。模仿北京修个城墙后，有人向康熙皇帝奏本，说陈廷敬在家修皇城，意欲谋反。皇帝不信，派人查看，陈廷敬得知后忙派人将城墙涂成黄色，朝廷派员来到，见是黄城，回禀皇帝，才免了一场大祸。于是中道庄便命名为"黄城"。由于"相府"坐落在皇城村，1998年开发时，正式定名为"皇城相府"。

从1998年开始，皇城村民按照"整旧如旧"的原则，积极利用工业发

图1-1 皇城相府

展积累资金对其进行修复修缮，在顺利实现举村搬迁的前提下，用3年多时间完成了一个投资近亿、总建筑面积10万平方米的古迹保护和旅游开发工程，2002年顺利通过国家4A级景区评审验收，2010年晋升为国家5A级景区，使这一古城堡焕发出勃勃生机。

（2）未雨绸缪

皇城村是山西省晋城市北留镇的一个行政村，全村有279户、771人，辖区面积2.5平方公里。由于辖区内的土地山多平地少，人均耕种土地二分多。没有肥沃的土地，又远离城市。改革开放前，皇城村和大多数中国农村一样，"以粮为纲，全面砍光"。"山大草木稀，人穷文化低，吃饭靠老天，花钱靠养鸡"，是当地村民生活的真实描述。村民们吃不饱、穿不暖，居住在残垣断壁、残砖烂瓦的房子里，1978年全村农民人均纯收入不足60元。

改革开放以来，皇城人凭借得天独厚的地下资源建起了煤矿，随后又建起了车队、服装厂、炼铁厂等企业，皇城村的集体经济有了很大发展。为了加强管理，1996年7月，成立了"胜达实业总公司"。总公司设总经理1人，由党总支书记张家胜担任，副总经理由村委主任担任。总公司下设两室三科一委，分别是综合治理科、农村规划科、宣传教育科，道德教育委员会。总公司下设有5个分公司：皇联煤矿、东庄煤矿、汽运公司、服装公司、农业生产公司。公司的成立与职责的明确意味着村集体的职责已经从村务管理转变为经济管理组织，由混乱落后的管理方式转变为公司制的企业化管理。1998年，全村总产值达到2800万元，实现利润430万元，村民人均纯收入达3200元，在全县率先跨入小康村行列。

集体经济的管理依托于公司制的管理模式无疑为皇城村后续的发展提供了强有力的制度保障，它突破了村委会原有农务管理的狭小空间，农民的身份随着公司的成立，在现行制度下变为了职工。这无疑是一次关键的制度变革，村里人在这次改变中不仅收获了物质利益，更多的是收获了对未来的信心。

1984年，张家胜（原皇城村党总支书记、皇城相府集团董事长）被推选为皇城村村委主任。村委主任的职务，让他作为皇城村当家人的责任感倍增："作为村干部，就要千方百计地想办法带领群众致富奔小康，提高群众的物质文化水平。所以我们首先要比群众看得远……挖煤是有尽头的，我们这一代人还有煤可挖，下一代，下下一代呢？皇城村除了挖煤，农业不行，如何走下一步？只有皇城相府是我们独有的资本，而且国内旅游市场非常火，我们不能错过这个时机……"多年征战商海，使张家胜具备了敏锐的市场判断力。

在中国乡村旅游建设中不乏有能人领导下的村庄建设成功的案例：张贤亮缔造了西部影视城，耿彦波、侯廷亮使王家大院突出重围；渠岩、陈豪等知识精英进入村落，挖掘文化，为村落文化主体的回归注入了新的元素。但所有人都不能否认的是，行政管理的有效性对旅游持续发展的影响是快速且深远的。张家胜作为村里的行政领导，可以在发展战略上把握方向，并且可以调动资源尽快完成改造。

（3）从窑洞城墙和"河山楼"修起

依托古建筑的旅游开发首先要解决的是古建筑物的修缮问题。由于年代久远，皇城斑驳陆离的城墙、摇摇欲坠的民居，特别是皇城相府内的标志性建筑"河山楼"已破烂不堪。1998年3月在村委领导下，与武汉东方建筑公司签订了修葺皇城窑洞城墙和河山楼的协议。1998年5月1日，工程正式开工，历时4个月修复完工。现在的皇城相府由外城（中道庄）和内城（或称斗筑居）构成，建筑风格是典型的北方大院，很有明清的建筑风味。然而城墙雄伟，昔日又蒙皇帝垂爱，所以一座宅院也有了"城"的气象，"皇城"实至名归。到皇城相府首先看到的是外城，外城正门是御书楼，楼上悬挂着"午亭山村"的牌匾。据说宅邸的主人陈廷敬自号"午亭山人"，康熙便亲赐墨宝，大笔一挥将此处题为"午亭山村"，纯属陈廷敬的"私人订制"，绝无批量生产；并在匾旁题下楹联，曰"春归乔木绿荫茂，秋到黄花晚节香"，既言此处风物优美，又以之赞颂陈廷敬的高风亮节，从中也可看出康熙帝文采飞扬，名不虚传。冬季萧索，绿叶红花谢去，更见皇城相府周遭古朴。御书楼之后的城楼，题名中道庄。城楼庄严

图1-2　内城墙上的窑洞(旧)

气派，在寒风中如一个有故事的长者悄然伫立。城墙在当时是为了抵御流贼而建，可保佑陈氏家族免受魑魅魍魉的侵扰。进入城门，就看见了石牌坊。据说陈家自明孝宗到清乾隆年间有九人中进士，六人入翰林，所以有"德积一门九进士，恩荣三世六翰林"的美誉，可见历来受到朝廷重视。正中"冢宰总宪"，所谓"冢宰"即吏部尚书，"总宪"者，左都御史，下面就是官职名了。右边刻"一门衍泽"，左边刻"五世承恩"，足见家族之鼎盛。往东是屯兵洞。屯兵洞依傍城墙而建，分布较广，洞内直达东面城墙；当流贼侵扰的时候，家丁、护卫就居住在藏兵洞内，方便调动，屯兵洞森然而立。

在建筑群中，有一座七层的建筑格外引人注意，这就是皇城相府的标志性建筑——河山楼。据说还是明崇祯年间，为了

图1-3　河山楼下半部分（旧）

7

抵御流寇的侵扰，由陈家当时的三个兄弟合力建造的，高三十多米。这个高度和现代城市中的高楼大厦自然无法相比，但相较明清年间建筑的高度与规模来讲，至今经历了近四百年的风雨沧桑仍旧能够屹立不倒，其牢固性和实用性可想而知。在河山楼的楼顶建有垛口和堞楼，以便瞭望敌情，底层深入地下，开辟有秘密通道，便于逃生；在楼内还备

图1-4 现在的河山楼

有水井、磨等生活设施，能够储存大量的粮食，从而应付长期的围困。在建筑群的外围筑有堡楼，同样也是为了防御外敌而建，在城墙的四周设有兵洞，为战士的家丁、垛夫藏身小憩时所用。

在相府幽静的一角，有一楼名为"悟因楼"，这是陈廷敬次子陈豫朋的女儿陈静渊居住和生活的地方。陈静渊天资聪颖，人长得美丽脱俗，许多家的公子都想一睹芳容。17岁时嫁给了河北沧州礼部侍郎的儿子，原本以为生活美好，可以与丈夫花前月下吟诗作画，没想到结婚仅一年，丈夫暴病去世。无奈回到陈府打算重新组建家庭，却没想到被家中封建礼教束缚而关在悟因楼，22岁那年，最终抑郁用一尺白绫结束了自己年轻的生命。原本与其他建筑别无二样的小楼，因为一个悲惨的故事，就显得格外的凄凉、凋零。所以，建筑也是有灵魂的。

图1-5　石牌坊(旧)

图1-6　石牌坊(新)

（4）沿袭"耕读传家"传统

2014年8月，"圆梦皇城相府，挑战汉字状元"首届大型汉字闯关活动在中华汉字博物馆内进行。比赛采用现场听写的方式，所有到皇城相府景区参观游览的游客均可现场报名。参赛人员在规定时间内写出正确规范的字词，前三名分别荣获"汉字状元""汉字榜眼""汉字探花"称号，并颁发证书和奖品。这是皇城相府景区首次举办的文化体验式活动，本次活动旨在充分展示皇城相府厚重的历史文化，丰富游客参与性文化活动内容，更是为了让大家记住"耕读传家"的陈家家训。

上天格外垂青这个地方，不仅赐予好山好水，更让这里人才辈出。皇城陈氏家族，于明中叶至清嘉庆年间，科甲鼎盛，冠盖如林，有作品传世的诗人就达33位之多，被誉为清代北方第一文化大家族。这些在外做官的游子们，在发达之后衣锦还乡，他们做的第一件事就是翻盖旧宅，给家人一个安身立命之所，为自己营造一个世外桃源。于是，沁河沿岸的这些古村里、古镇里，就有了这样一座座错落跌宕、气势不凡的高宅大院。在那个重农轻商的时代，商人们的地位甚至不如农民，要想出人头地，唯有读书做官。于是，有了钱的人们做的第一件事，就是让他们的孩子读书，"学而优则仕"是那个时代读书人获得社会地位的

图1-7　2014年皇城相府汉字闯关活动

不变选择。在沁河流域这些古村落中，几乎每一个古堡里，都设有书院或私塾。每一家的门上，都忘不了"耕读"二字。皇城相府陈氏的祖先在挖煤卖铁发达之后，送子读书。陈家的南书院，是晋城古堡中面积最大的书院。陈氏家族从明孝宗至清乾隆间的260年中，一共出现了41位贡生，19位举人，并有9人中进士，6人入翰林。因陈廷敬担任"中国第一字典，皇家唯一版本"《康熙字典》的总裁官，如今后人们也在这里建立了中华汉

字博物馆，介绍汉字的起源发展，弘扬了中华文化。

（5）在自我身份的寻找中发现宝藏

起初，村里那处破败的院落没有让常年居住在此的皇城村人意识到她的珍贵，直到1996年。那年，张家胜出任皇城村村长，在任职以来的接待中，张家胜发现有很多文化学者前来探访村里这个破败的院子。这个院子的价值到底有多大？它与村里人的关系是什么？自我身份的寻找与集体认同意识，以及借助古堡发展旅游，形成村集体的新兴增长点的想法在皇城村委组织下有序进行。1997年8月首都师范大学阎守诚教授前来皇城村调研，阎教授一边感叹这样一个弹丸小村竟然有这么多康熙御笔，一边催促张家胜将古堡快速恢复。1997年11月在村委的倡议和阎教授的组织下，陈廷敬学术研讨会在首都师范大学历史系会议室召开。参加会议的有中国社科院历史所明清史研究室、中国人民大学清史所、北京师范大学历史系、首都师范大学历史系的9位教授、副教授。专家的论证结论一致认为，陈廷敬为官清廉，作风务实，是康熙朝著名的政治家、文学家、理学家，对他故居的恢复和开发，不仅可以保护历史文化遗存，更可以让村民在保户

图1-8　1998年相府学术研讨会的欢迎现场

与开发中获益。在这次研讨会的引发下，1998年10月23日，首届名相陈廷敬暨皇城古建学术研讨会在山西省晋城市阳城县召开。

图1-9　皇城景区历史文化研究中心牌匾

这次会议由山西省晋城市委、市政府以及首都师范大学历史系联合主办，来自北京、山西、东北等地的科研机构、高等院校及新闻出版单位的70多名专家学者出席了会议，提交论文30余篇。主要讨论陈廷敬历史地位、学术思想、诗文及其品格、皇城相府的建筑价值等等。

古堡旅游是文化旅游的一种类型。皇城村在未开发旅游之前，对集体文化活动就非常重视。1998年开发之前，皇城村已经获得了阳城县委、县政府的很多集体文化活动奖励。例如：1992年获得"先进集体"称号；1993年获得"文明村"称号，并获得春节文艺一等奖；1997年村委组织参加了"纪念七一暨香港回归歌咏比赛"获得一等奖；同年获得"综合治理先进集体奖"。村里的文化氛围越来越浓了，围绕陈廷敬故事与皇城的文艺演出越来越频繁了。1999年2月，总公司举行"皇城历史知识竞赛"；3月皇城农民业余歌舞团表演的舞蹈《皇城之恋》代表北留镇参加阳城县1999年春节文艺汇演，获得第一名。同年10月19日，全国硬笔书法家庞中华为皇城学校全体师生进行硬笔书法速成法讲解。为开掘皇城相府深厚的历史文化底蕴，皇城村修建了全国第一座字典博物馆，共收藏古今中外辞书字典5万余册，其中不同版本的《康熙字典》就有127种4800余册；收集展出了大量奏折、圣旨、诗词等珍贵文物；编排了名扬全国的大型情景剧——开城仪式"迎圣驾"，以及上党八音会、编钟乐舞等多项独具地方特色的文艺节目，吸引了许多游人慕名而来。村里人无论如何也没有想到，长眠于皇城村的祖辈竟有如此大的作为，他们的居住地竟有如此高的价值！

图1-10 皇城村文化活动获奖照片之一   图1-11 相府导游培训

文化品牌的力量可以完成一个文化产品的重塑，而在这里却更多地意味着地方居民自我身份的认可。身份的认可又增加了他们对于集体的认同，被激发的无限创造力为集体形象的再造书写了一个又一个传奇。为了打好历史名人陈廷敬和"皇城相府"这一文化牌，在村委的组织下，分批次派村民前往故宫博物院、王家大院学习，邀请文史学者和古建筑专家召开了陈廷敬学术研讨会，成立了专门的陈廷敬学术研究机构，编辑出版了《陈廷敬与皇城相府》等20多部书籍，同时通过多种方式参与拍摄制作了《康熙王朝》等一批影视作品。随着"看《康熙王朝》，游皇城相府"一句宣传词的广泛传播，皇城旅游也扬名天下。

（6）紧跟旅游市场变化，运营皇城旅游品牌

旅游景区的运营必须抓住旅游消费市场的规律，时刻揣摩游客的心理需求。皇城村从完成皇城古建修复的那一刻起，就不遗余力地打造"相府"品牌，完善对"皇城相府"的文化建设，加强内部管理，突出营销重点。"相府品牌"塑造的第一个举动是1999年影视剧《我认识的鬼子兵》

在皇城的取景拍摄。尽管热闹的《我认识的鬼子兵》没有公映，但是开启了皇城人走出去营销景区的思路。2000年3月，皇城胜达有限公司与上海黄河影视有限公司签订了电视剧《康熙王朝》摄制合作协议书。280万的投资制作费用换来了皇城自此之后旅游收入的快速增长，仅2001年当年旅游收入总额就突破了200万元。皇城人在初尝硕果之后，旅游营销步伐逐

图1-12　皇城相府景区参加旅游推介会

图1-13　《我认识的鬼子兵》拍摄现场

渐加快，中原市场借助媒体营销快速打开。

当下，皇城又紧紧跟随游客借助移动互联网出游的需求变化，开启了智慧旅游模式。借助互联网、移动互联网建立了皇城相府官方网站和手机网站，开通了微博、微信平台；通过知名搜索引擎进行宣传推广，扩大知

图1-14 皇城相府智慧旅游示例一

图1-15 皇城相府智慧旅游示例二

名度和影响力；利用自有媒体及时对外发布信息，使游客及时获取景区资讯和活动；优化电子商务功能，实现了通过官网在线预订门票、餐饮、住宿和旅游纪念品等服务，实现了在线支付、微信支付；同时和国内知名电商进行合作，扩大网络销售成果。

为了提升景区管理水平，景区实现了免费wifi全覆盖、视频监控系统全覆盖。2013年在山西省旅游局、中国移动山西分公司的支持下，建设了电子导览系统，推出APP手机客户端。游客可在景区扫描二维码或通过移动互联网下载APP，通过手机观看景区地图，实现语音导游导览，实时察看景区的景色、天气和人流等动态情况，还可实现预订服务。在景区游客

集散中心、景区主要交通要道、景区出入口、重点保护区域、事故高发地带（防火、防洪、人员密集）、停车场等地建设数字监控系统。对主要通道、重点区域实施全方位24小时监控及人员流动的记录，达到加强现场监督和安全管理，提高服务质量的目的，使工作管理更加规范。通过智慧旅游建设，优化旅游环境，提高景区管理服务水平，确保了旅游生态效益、经济效益和社会效益三者之间的统筹协调发展，景区品牌形象和社会形象得到极大提升。

（7）生活空间与旅游空间的共同营造

皇城相府是一座集军事防御设施和官宅民居于一体的城堡式建筑群落。这座世间罕见的明清"东方第一双城古堡"，以其独特的建筑风格和丰厚的历史文化内涵，被我国著名古建专家评价为"中国北方第一文化巨族之宅"。而这一养在深闺人未识的宝贵资源，由于战火损毁和"文化大革命"破坏，致使明珠蒙垢，破烂不堪。皇城村由于农业基础差，集体积累不足，后期煤炭产业发展污染严重等原因，造成了村容村貌差，村民居住基础设施落后陈旧等问题。

1998年，在论证皇城历史文化价值的同时，皇城村委已开始对居民居住的环境与相府旅游开发环境展开了集中整治。在1998年《关于建设皇城生态旅游区的可行性报告》中总结了之前的修复工作：

一是加强了农、林、水、电、路等基础设施的建设；二是对明末清初陈氏家族的城堡式建筑群"斗筑居"和"中道庄"及相应的古建筑进行了修复；三是对包括陈廷敬在内的陈氏几代传人的遗著进行了整理、汇集；四是对历代遗留下来的石刻、石碑进行了拓片、收集和诠释；五是出版了包括《皇城历史人物志》《黄城陈氏诗人遗集》《皇城石刻文编》《皇城故事集》等在内的一套皇城历史文化丛书。

按照《皇城村志》记载，20世纪70年代村民建房大多规划在本人宅基地内，建筑面积大小有异；80年代建房规划在舞台院北；90年代以来，村民建房全为钢筋水泥结构，单元式设计。由于过去建房缺乏统一规划，基础设施落后，居住环境缺乏美化。1997年村委决定停止私人建房。在村委

图1-16　皇城村现状

领导下，结合旅游区开发，请山西省城市规划建筑事务所为皇城村制定了《1997—2010年建设规划》，在村北统一建房，原在皇城城内城外有碍于旅游的建筑由村委折价收买。经过统一规划的民居建筑，整齐划一，配套齐全，街道宽敞，环境优美。

与此同时，旅游环境的升级换代也齐头并进。至今，已兴建了10多项旅游服务配套工程：建成了三、四、五星级宾馆3座，可接待1000人的会议和就餐；改扩建了4个总面积1万平方米的停车场，缓解了双休日和节假日车位紧张的状况；建成晋阳高速公路皇城相府出口工程，使景区至郑州、洛阳、长治等航空港的路程缩短为1个半小时；修建高标准的水冲式自动化星级感应洗手间24座；扶持发展起109个家庭旅馆，由接待中心统一管理；修建明清商业一条街，满足了游客购物需求；绿化荒山和空地2680亩，做到了四季常青、三季有花；美化亮化了所有房屋建筑，皇城夜景成为一大独特景观；建起休闲广场、演艺舞台、音乐喷泉、水幕电影、农民公园等设施。

（8）居民游客相得益彰

在古堡旅游开发中，是否让居民搬离原住地一直是一个争论不休的话题。当下的主流观点是为了满足游客的游览真实性需求，留有当地居民以及居民呈现的生活场景会增加旅游的吸引力，旅游者的体验会更为真实，对当地的文化感受会更加直观和感性。一度以来以游客为主体展开研究的学者，以游客为营销目标而展开攻势的旅游经营者都非常认可这种说法。但是皇城村的做法却选择了从古堡居民的长远利益出发，离堡不离村。通过引导居民搬离古堡，厘清古堡内建筑使用主体与建筑的关系，进行统一开发，免除后顾之忧。同时，借助旅游收益反哺村集体收入，改善居民生活条件。居民可以在免受游客打扰的环境中生活，选择性地自主参与旅游经营。

1997年村委在讨论皇城开发旅游时，首要考虑的问题就是如何让村民自觉认识皇城相府的价值，如何动员他们从世代居所的老宅中搬出来。先解决思想问题，后谈物质利益。为了解决村民的搬迁思想问题，村委采用三步走的策略，一是动员村民出去旅游，游览完河南南街村、浙江横店、安徽西递后，打破村民与邻村相比获得的暂时优越感，共同畅想皇城村旅游开发的美好愿景。二是开群众大会、上门引导和说服。三是物质鼓励。新住宅每套住宅作价6万元，原宅基地可作价部分款项，水、电、煤、暖、农业税一律全免，一个月内搬出者奖励1万元现金。1998年6月，内城的24户居民全部搬出，皇城相府的修复工作开始。2003年9月底，全村120多户居民搬入新居。

现在的皇城村，已从一个偏僻落后的小山村变成了现代化小城镇，村民们过上了让城市人羡慕的幸福生活。全村青壮劳力全部实现本地就业，家家都住上了花园式别墅，用上了煤层气清洁能源，实现了集中供暖供热；村民全部入了养老、医疗保险；学生从幼儿园到大学的学费全部由村集体承担；村民看病住院费用全由村集体支付；60岁以上的老人全部有了养老补贴；村集体每年给每个村民定量供应粮油肉蛋菜等生活补贴6000余元。同时，村里建有运动场、篮球场、图书室和青老年活动中心等基础设施，丰富了村民的精神文化生活，全村和谐稳定、文明富裕，村民安居乐业、生活幸福。为了避免"平均数"掩盖"大多数"，皇城村实行既能体现按劳分配、多劳多得、少劳少得原则，又能让全体村民共同富裕的分配制度。村集体将企业得来的收入分成三块：一块用于生产再发展，一块用于村级公益事业，一块用于保障村民基本生活，并且全部透明公开。

在初次分配时，采取的是工资、奖金、股金分红相结合的办法，2014年人均现金纯收入达到5万元（其中：工资性收入人均22000元，股金分红人均10000元，个体经营收入人均10000元，村民福利人均8000元）。

在再次分配时，体现公平，基本上按户和人头均分，让村民共享发展的成果。对粮、油、肉、蛋、菜、水、暖、电、气等日用必需品统一由村集体定量供应（白面200斤，大米100斤，杂粮60斤，食油20斤，猪肉12斤，鸡蛋12斤，蔬菜补助120元，干鲜果品补助100元）；18岁以下的未成年人，每人每年享受1000元的营养补贴；60岁以上的老人，每人每年享受1200元至1680元的养老补贴；村民因病住院，村集体派车接送，除国家报销外，村里还报销手术费和治疗费，药费报销70%；超出九年制义务教育的学费由村里报销，包括上大学、研究生及出国留学；村民购买家庭小轿车，最高补贴4万元。全体村民每人每年享受的福利待遇平均达到8000余元。

村里98%的劳动力都在集团企业上班。70%的农户开起了家庭宾馆，村集体为他们每户奖励3万元，统一配置沙发、床、电视机等硬件设施，仅此一项户均年增收2万多元。自1998年开发旅游产业以来，村集体先后修建了河东小区、世纪花园小区等近180套村民住宅，3幢11层高的住宅楼和老年公寓，人均住房面积100平方米左右。

正是由于皇城村的跨越式发展卓有成效，皇城村集体先后获得中国十佳小康村、全国文明村、全国新农村建设明星村、中国历史文化名村、全国生态文化村、全国尊老爱幼模范村、中国十大特色村、中国十大魅力乡村、全国文化产业示范基地、全国农业旅游示范点等殊荣。

为自己的古堡着色，为自己的特色文化宣讲，每一笔都渗透着村民心血，每一讲都需要村民作为主角。为了游客，同时村民的生活条件得以改善；为了游客，同时地方的文化得以彰显。这就是"皇城故事"，是旅游带给了皇城村这样的改变。

2. 从城墙下的那片湖说起——湘峪古堡

在沁河古堡之旅中，给予游客视觉冲击最强烈的莫过于湘峪古堡。它的规模，它的街巷格局与其他古堡相比，独具一格。尤为特别的是在城墙外三都湖的绿水掩映下，高大的城墙和角楼更是沧桑中带着几分秀美，门口那棵罕见的旱莲也在昭示着古堡及居住在此的居民代代相传、生生不息的生命力。

（1）湘峪古堡与三都古城景区

2015年10月1日，湘峪三都古城景区正式对外开放，这时距2011年湘峪获得3A景区的资格已经过去了4年。景区依托的湘峪古堡与湘峪村合为一体，至今仍有居民居住在城堡中。湘峪古堡位于沁水、阳城、泽州三县交汇处的沁水县郑村镇境内，距县城60公里。东依岳神山，南依樊山，这两座大山皆为历史文化名山。发源于岳神山的湘峪河绕村西流，与郑村河合流，经武安村注入沁河。湘峪村，原名相谷村。因为村周山环水绕，故而在村名中加入了"氵"和"山"，变成了湘峪。背山面河的湘峪古城建在湘峪河谷北侧的山坡上，湘峪河流量不大，紧贴城墙西流，成为古城的护城河。之前游客只知道沁河古堡中皇城最为著名，但当你驻足在湘峪城堡面前时，所有人都会被古堡的恢弘气势所震撼，更为它城墙下的湖水与古堡形成的自然与人居的和谐之美所感动。虽然从面积上讲，它与灵石王家大院、碛口西湾民居面积相当，略小于阳城的皇城相府和砥洎城，但是却是一个非常完整的城堡式建筑。这古堡虽小，却绝对是五脏俱全，从西面的祠堂、寺院到东面的私塾学堂，俨然一幅发展完备的中国式小城。

湘峪原本是一个很普通的自然村，由于明代后期战乱较多，于是湘峪村的明代名宦孙氏三兄弟为防御外敌，保卫家园，带领村民们修筑了这座坚固的城堡。这座城堡不仅城墙高大厚重，城内生活设施齐全，而且还有防御系统，一直保留到今天。由于古堡由孙居相、孙鼎相兄弟主持修建，孙鼎相在孙氏四兄弟中排行第三，曾担任过都察院右副都御史，他的府第便以"三都堂"为名，湘峪古城因此也称"三都古城"。湘峪古堡古建筑群不仅在沁河流域，而且在三晋大地，甚至中国北方都独具特色，有极高的艺术价值、文化内涵和文物价值，是研究我国北方古建筑的范例。现保存基本完好，常有古建专家、学者和名校师生来这里考察研究。古堡顺山势而建，河边为城墙、南门，建在与公路平行的地面上，左右两边顺山势而上，也建有城门，北边的城墙建在半山腰上。湘峪古堡城墙及城门大部分在原来的基础上修复新建，而古堡内的双插花院等古建筑还在修复之中。顺护城河中央的石拱桥走到南门前。南门虽然整体高大，但门洞却很小，与整个城门形成大的反差。顺门洞拾级而上，便进入了湘峪古堡。

（2）修复是第一位的

沁水县湘峪村是个耸立在悬崖坚石上的城堡式村落，是全国第五批历史文化名村，是山西省第一批历史文化名村。尤其是湘峪古堡城墙前的三都湖，在以黄土、砖石建筑为主体的古堡中，多了一份柔情与灵气，顿时使古堡温暖和明亮起来。

但在2007年前，它却是一条破旧的河道。河道不仅给村民的出行带来不便，而且对古堡外部环境造成了极大的污染。为了改善景观环境，修复村内文化价值极高的院落，村委会决定借助煤炭集体企业的自有资金，展开了三都湖及其附属设施的修复工作。

2006年湘峪古堡获得全国重点文物保护单位之后，村集体于2007年投资300万元建设三都湖，2008年完成了三都湖的整体工程。新建成的三都湖，湖区分东、中、西三个部分。为了确保防洪排涝和游客安全，特别投巨资在湖下面修建了泄洪涵洞，涵洞长达480米，成为整个古城第一道安全屏障。随后村集体又投资10万元修复白龙庙；投资100万元维修东岳庙；投资150万元进行北山绿化。投资300万元修建办公楼和舞台，对村里的部分路段进行了硬化，维修了湘峪至东山和湘峪至王街的部分路段。

2008年进一步完善北山绿化工程，植树5000余株，切实改变了村容面貌；完成了东岳大庙主体工程；投资500多万元完成了综合办公大楼和新

图1-17　湘峪古城墙旧状

图1-18　湘峪古城墙现状

的文化活动场地。

2009年举行了东岳庙竣工揭幕仪式，整个工程用时两年零三个月，总投资约300余万元，东岳庙的按期完工使湘峪旅游又增加了一个优秀的景点；完成了三都湖通东岳庙阶梯工程和三都湖西健身广场工程，总投资约60万元。

2010年投资100余万元修建了寺沟、西沟排洪渠工程；投资150万元完成了东佛堂庙及东门外道路硬化工程；投资220余万元对牌楼前空地、办公楼至南矿道路进行了硬化；投资60余万元完成了综合办公楼西大门阶梯初期工程；投资19余万元，在西沟修建仿古厕所一座；投资100余万元对铁厂至东关小区沿路进行绿化、亮化。通过不断的努力，使湘峪村的整体环境和居住条件大大改善。湘峪村也由"省级历史文化名村"提升为"国家级历史文化名村"。

2011年投资150余万元完成了办公楼西大门仿古工程及停车场硬化工程；投资200余万元完成了旅游接待中心主体工程；投资50万元

图1-19　修复后的西城墙

完成了国家级3A景区申报批复；投资50万元完成了文物保护规划及控制性详规。

2012年投资1163万元，完成了游客接待中心主体、装修工程及背后硬化工程；完成了古城内部分街道铺设；完成了旅游对外开放前期准备工作；完成了八腊沟等五处绿化工程；完成了东院门口沙石牌楼；完成了星级公厕基础设施。

2013年总计完成投资814余万元。完成了星级公厕、官宅彩绘、两处石牌楼、南坡水仓等建设；对古城内的中街、下街和丁字街铺设了石板路；完成了后坂、后岭、琉璃瓦房、西关小区和东关小区背后等五处绿化工程，共栽种柏树14000株；完成了南坡护坝、铺路、平台等建设。同时，积极争取国家项目扶持，成为国家首批传统古村落保护利用试点村，争取到了国家专项扶持资金。

2014年湘峪村努力推进古城景区建设，由国家文物局拨付资金450余万元，修复了官宅大院和双插花院；村集体投资100余万元完成了生态停车场一期建设工程；村集体投资100万完成星级公厕内部修建工程；成功申报中国景观村落。

（3）掀开历史的帷幕

穿行在湘峪古堡之中并未觉得陌生，熟悉和亲近有时候取决于一座城池包容的心和温暖的情怀，而绝非刻意的拉拢和冷漠。很多人钟情于古老建筑，源于古建筑中的每一块碎石、每一寸草木都诉说了无数的曾经。就像这湘峪古堡的每一块砖石、每一块城墙都代表了那段遥远和厚重的历史。被誉为"铁面御史"的明朝重臣孙氏三兄弟是湘峪子民的骄傲，"三都上殿，文武打战"一说，早已在民间流传。历史上罕见的同朝为相的三兄弟中，孙居相官至户部尚书，时称"第一清官"，孙可相升到御史都堂，而孙鼎相则官居四部首司。孙居相长期担任御史职务，被他弹劾、惩处的贪劣官员和不法豪强多达百余人。作为一名普通官员，孙居相清醒地看到了明王朝行将崩溃的政治危机："当今内自宰相，外到郡守县令，没有一人得尽其职。政事日废，治道日乖，天变人怨，迟早要土崩瓦解，即便珠玉金宝亘地弥天，对于拯救危难又有何用？"在他的奏折中，不仅批评了自己的同僚，并且毫不留情地触及万历皇帝贪财吝啬的性格缺陷。能够说出这样的警世恒言，不仅需要敏锐的政治洞察力，更需要鞠躬尽瘁的责任感和批逆龙鳞的惊人勇气。崇祯年间，孙居相出任户部尚书、仓场总督。就在此时，他的同僚杨时化弹劾了一名贪官，但这个知县却手可通天，不仅依靠朝中后台企图逃避制裁，同时还对杨时化发起反击。在寄给孙居相的私人信件中，杨时化以一句"国事日非，邪氛益恶"表达了自己的愤懑之情。

　　人们说"明不亡于崇祯而亡于万历"，倔强地与官僚集团对抗了三十年的万历皇帝尚且容得下孙居相的逆耳忠言，一心想扶大厦于将倾的崇祯皇帝却没有这样的胸襟，这封书信被厂卫特务机构获得后，崇祯皇帝龙颜大怒，孙居相因为同僚的这句牢骚而株连下狱，受到贬官戍边的处分。崇祯七年（1634），也就是湘峪城竣工的这一年，孙居相孤独地死在戍所。村东有被称作"装头"的孙居相墓地。墓地在一片片油绿的麦田中，四柱三间三楼式石牌坊上刻有"恩荣四世"四个大字，触摸着那横七竖八残破的石人、石马等物时才得知，曾被誉为"铁面御史"的孙居相为贪官小人所害，遭逢身首异处的结果。史可为鉴，但愿天下官者多姓"廉"。孙鼎相为万历二十六进士，曾担任都察院右副都御史。孙鼎相先后出任工部营缮司主事、兵部武选司主事、礼部主客司主事、吏部三司员外郎，孙鼎相故居门匾上的"四部都司"指的就是他担任过的这些职务。

（4）古城最值得游览的地方

进城堡门后，从右边顺石铺路沿村

图1-20　藏兵洞

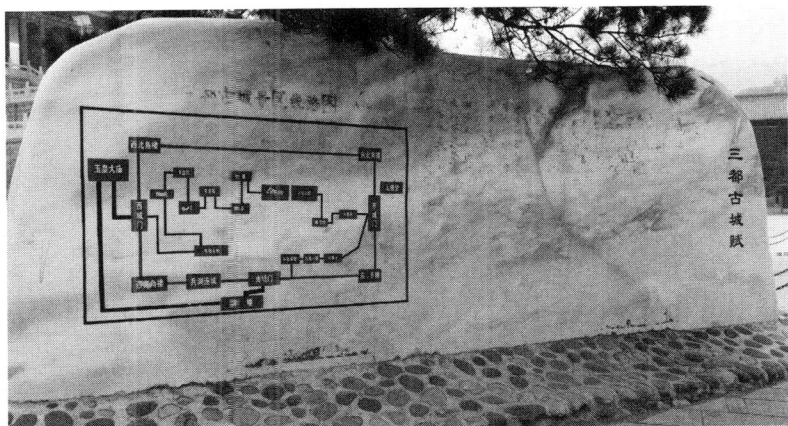

图1-21　三都古城景区路线图

街游览，旧居各具特色，给我们一种新鲜感。古城中，尤为重要的是修筑在城垣之中的藏兵洞和送宫般的地下通道。这就是所谓的兵洞连城景观。

明清时期，沁河流域一直是从西北进入中原的一条主要通道，明朝末年，战乱无数，最好的保护手段莫过于"筑城墙"，莫过于"巧藏兵"。三都古城的城墙富有研究价值的地方在于，因为它既是南外墙也是藏兵洞，一般藏兵洞都是单体式或一层走廊式的，三都古城藏兵洞却是多层走廊式和串联式兵道相结合的防御体系，双层布局，洞体宽阔，显示出了它的灵活性和实用性，其结构的巧妙在明代都是少有的。这是因为当时有在朝廷做兵部第一都司的孙鼎相对战事防务了解，修建的藏兵洞必然是与众不同的。藏兵洞高居崖顶，面向峡谷，筑在墙体内呈蜂窝状，故又名蜂窝城。藏兵洞为砖石结构，宽约3米，比较阔大，洞之间东西互为串通，呈"串珠式"，一有战事，全体家丁可在第一时间内出击。每洞一个窗户，面朝城外，居高临下，既采光通风，又可做瞭望台和工事。从窗户看外面的景色，我的思绪竟然飞跃到园林组景手法中的漏景，不知孙家兄弟建造藏兵洞时除了防御之外有无艺术欣赏的考虑。洞后有一条"走廊式"通道，通达四面墙头，与城墙合为一体，方便兵员调动、物资运输，既可以各自为战，又可以与后廊相互协防；还可以与城墙顶部的"帅府院"相连，便于决策指挥；除了屯兵，还可储存兵器粮秣。这种结构的藏兵洞在沁河流域是首创，因地制宜，功能独特，富有创造力，是乡村民间军事防御工程在冷兵器时代的杰出典范。在藏兵洞内竟然看到标有明代水井、古代插火把的标志，不禁惊叹古人的智慧。

（5）棋盘式城市布局

三都古城平面布局非常有特点，柳氏民居是"卍"形，乔家大院是"囍"字形，王家大院为"王"字形，曹家大院为"寿"字形，平遥古城则是意味益寿延年的龟形，而湘峪古堡为中国现存城市极为少见的"棋盘"形。城内有"三街九巷"，呈棋盘式布局。院落方位很讲究，对称有序。每个院子有高大的门楼，门楼上有醒目的木、砖或石刻题额，或书主人的官衔，彰显身份；或书格言警句，以明志向。门楼下多有威严雄壮的石狮子，影壁精美，上有砖雕图案，多为麒麟、龟角与花草。宅院除大门通行外，在院内暗处设有小门，通往另一个院落，是除了"过街楼"在空中连接外，在地上连接各院的另一种对外防御、对内交流的通道。古城中街保存完好，基本上是明代风格，长近300米，宽约2米，两边是商业店铺，街上建有两座"过街楼"。"过街楼"专指有道路穿过建筑空间的阁楼，或指跨在街道或胡同上的阁楼，面积不大，只有一两间，上下可通行，把单独的大院在空中连接起来，便于战时组织人员防御和转移，也方便了民间交流。据说城中还有暗道，长约180米，是地下防御工事，便于

图1-22 湘峪街巷

坚壁清野和人员转移。过街楼、暗门和地道，组成空中、地上和地下三道防御体系，这就是沁河流域古城堡在明末清初战乱时的建筑特征。窦庄、郭壁、郭峪、皇城和砥洎城都是这样一脉相承，确保乡民安全。

（6）曾经繁华深处的街巷

漫步走在湘峪古堡小巷内，突然想起葛水平说过的一句话："巷子是家宅之间的路，家宅是当时人们最重要的财产。大规模的宅院是有钱人彰显身份的方式，越有钱的人巷子越幽深。"沁河的古堡诸如砥洎城、郭峪古堡、窦庄等都离不开巷子。巷子可以反映村落的成长，在巷子里我们看到了、听到了多少村里人讲自家的、别人家的故事。巷子代表着村落的边界，一般我们用街巷的数量评定村落的规模和等级。望着眼前的这条小巷，知道这里曾经有过孙家的那些荣耀，而现在只剩下老人端着饭碗在门前落寞的身影。我上前询问，老人说："政府为发展旅游在古堡旁边新建了住房，年轻人都搬走了，我们也很快就要搬走了。"在他们的身后我依稀看见他们的家，黑黢黢的，杂乱的家什。浓烈的烟火味从那些屋子里窜出来，让我感到了亲切。但是他们很快也要搬离村子，我想若是我就选择不离开，守着这片精神的家园多好。丧失了生活气息与居民生活空间湘峪古堡真的还能有吸引力吗？

（7）修复与开发的秩序

沁河古堡之旅可以欣赏和品味每个古堡的特色神韵，它们或是保存有完好的堡寨式建筑外观，或是在残垣断壁中彰显着当时堡寨的坚不可摧。在同样以旅游开发为目标的修复中，各个堡

图1-23　修复后的三都堂

寨甚至村落的决策主体也做出了不同的建造秩序的决定。对自己古堡开发心存芥蒂的村落，通常受限于资金上的压力，多数选择尽可能多地获得来自国家渠道的资金项目——"全国重点文物保护单位""历史文化名村""中国景观村落"。

根据财政部数据显示，面对紧迫的文物保护形势，中央财政对地方文物保护专项转移支付资金大幅增加，从2009年的11亿元，截至2015年底已近百亿。据山西省文物局统计，2014年，山西省文物保护专项资金投入达到69584.7万元，其中中央财政40551万元，省级财政12000万元，市级财政5506万元，县级财政11527.7万元。2013年6月9日，财政部、国家文物局以财教〔2013〕116号印发《国家重点文物保护专项补助资金管理办法》。办法明确规定了专项资金的补助范围、支出内容以及非支出范围：

第六条 专项资金的补助范围主要包括：

(一)全国重点文物保护单位保护。主要用于国务院公布的全国重点文物保护单位的维修、保护与展示，包括：保护规划和方案编制，文物本体维修保护，安防、消防、防雷等保护性设施建设，陈列展示，维修保护资料整理和报告出版等。对非国有的全国重点文物保护单位，可在其项目完成并经过评估验收后，申请专项资金给予适当补助。

(二)大遗址保护。主要用于国家文物局、财政部批准的大遗址保护项目，包括：大遗址保护的前期测绘、考古勘查和规划设计方案编制，本体或载体的维修保护，安防、消防、防雷等保护性设施建设，文物本体保护范围内的保存环境治理，陈列展示，维修保护资料整理和报告出版以及保护管理体系建设等。

(三)世界文化遗产保护。主要用于列入联合国教科文组织世界文化遗产名录项目的保护，包括：世界文化遗产的文物本体维修保护，安防、消防、防雷等保护性设施建设，陈列展示以及世界文化遗产监测管理体系建设等。

(四)考古发掘。主要用于国家文物局批准的考古(含水下考古)发掘项目，包括:考古调查、勘探和发掘，考古资料整理以及报告出版，重要考古遗迹现场保护以及重要出土(出水)文物现场保护与修复等。

(五)可移动文物保护。主要用于国有文物收藏单位馆藏一、二、三级珍贵文物的保护，包括:预防性保护，保护方案设计，文物技术保护(含文物本体修复)，数字化保护，资料整理以及报告出版等。

(六)财政部和国家文物局批准的其他项目。

第七条 专项资金支出内容包括:

(一)文物维修保护工程支出，主要包括勘测费、规划及方案设计费、材料费、燃料动力费、设备费、施工费、监理费、劳务费、测试化验加工费、管理费以及资料整理和报告出版费等。

(二)文物考古调查、发掘支出，主要包括调查勘探费、测绘费、发掘费、发掘现场安全保卫费、青苗补偿费、劳务费、考古遗迹现场保护费、出土(出水)文物保护与修复费以及资料整理和报告出版费等。

(三)文物安防、消防及防雷等保护性工程支出，主要包括规划及方案设计费、材料费、设备费、劳务费、施工费、监理费以及资料整理和报告出版费等。

(四)文物技术保护支出，主要包括方案设计费、测试化验加工费、材料费、设备费、劳务费、专家咨询费以及资料整理和报告出版费等。

(五)文物陈列布展支出，主要包括方案设计费、材料费、设备费、劳务费、施工费、监理费、专家咨询费以及资料整理和报告出版费等。

(六)文物保护管理体系建设支出，主要包括规划及方案设计费、专项调研费等。

(七)其他文物保护支出。

第八条 专项资金补助范围不包括:征地拆迁、基本建设、日常养护、应急抢险、超出文物本体保护范围的环境整治支出、文物征集以及中央与地方共建国家级重点博物馆的各项支出。

在获得相关资金支持的同时，古村落专项资金的使用以及古村落旅游开发的行为也必须承担《管理办法》《条例》中所规定的义务。例如:2008年7月1日起施行的《历史文化名城名镇名村保护条例》（2008年4月2日经国务院第3次常务会议通过）第二十五条就对传统村落开发建设中可能存在的破坏行为做出了明确规定:

第二十五条　在历史文化名城、名镇、名村保护范围内进行下列活动，应当保护其传统格局、历史风貌和历史建筑；制订保护方案，经城市、县人民政府城乡规划主管部门会同同级文物主管部门批准，并依照有关法律、法规的规定办理相关手续:

（一）改变园林绿地、河湖水系等自然状态的活动；

（二）在核心保护范围内进行影视摄制、举办大型群众性活动；

（三）其他影响传统格局、历史风貌或者历史建筑的活动。

湘峪古堡可以集三个荣誉为一身，足以看出湘峪古堡的建筑价值、景观价值之高，就势而建、依山而建的自然建造设计，体现了古人建造的标准取自于自然天成的理念。人居与自然和谐相处的场景在湘峪古堡中得以充分体现。或许

图1-24　古堡现状

是因为它的价值高，保护愿望强烈，所以文物修复力度较大，但旅游开发不足。

2011年三都古城景区已经拥有一个游客服务中心，近几年旅游的综合配套设施正在利用村委自筹资金不断地改善中，星级厕所工程、荒山绿化工程、生态停车场建设等等已经逐渐完成。但是2015年正式对游人开放之前，游客人数并不多，穿梭在古城中的时常是专项旅游者、摄影爱好者等。三都古城景区的迟迟不开放遭到了很多质疑，国宝不利于开发的判断在湘峪三都古城的旅游产业发展进程中似乎得到了印证。剔除短视但却在旅游开发中视为规律的判断，显然我们知道，国宝、历史文化名村的资格认定是一个当地资产文化价值评判的过程，借助这个过程，旅游开发主体有了更清楚的认识，从而可以开展有序的旅游活动。这些旅游活动不是与文物保护对立的，而是相辅相成的。它不仅可以促进当地人的文化自信，同时也建立了一个地方文物保护的公共平台。所以发展旅游产业与实现文物保护是可以同时实现的，但关键是实现这一目标的主体是谁？

这让我想到了最近网上吵得沸沸扬扬的郝堂村与碧山村：一个注重借政府之势，举村支两委之力，发动村民顺势而为；一个坚守去国还乡的情怀，坚持以艺术引领村民精神自信，活跃乡村文化生活进而实现乡村文化复兴。围绕中国现代乡村建设先驱梁漱溟、晏阳初倡导的农村复兴志向，从重塑乡村原居民自信入手，以图乡村文化经济的振兴与村民自治的实现。从大体上来说，郝堂村与碧山村有许多相似之处，同样毗邻名山秀川，风光优美，自然生态质量一流。而两地在乡村建设中由于主导者的不同走上了不同的发展道路。主导郝堂村军人出身、经历复杂的孙君对中国当下的社会政治乃至文化具备更为深刻的认识，行事开放稳健又不失大刀阔斧，更具备乡村建设规划与掌控者的气质；主导碧山村诗人出身的欧宁背负着中国传统文人的情怀，对中国传统文化的精华感悟更深，注重软着陆的文化进入、以艺术文化传承唤醒村民的文化自信，反对资本于乡村的过度开发。在孙君看来，如果没有政府的主导与政策支持，没有村党支部、村委会的介入，村民的觉悟发动不起来，乡村建设难以展开，即使有了进展也难以为继。在这个认识的主导下，郝堂村的乡建在一开始就努力谋求政府的支持与村支两委的配合，依靠村支两委的权威去实施展开乡村建设计划，努力构建一种政府、村干部、广大村民与乡建实践团队四方共赢共荣的和谐。在市县级政府毫无知晓的情况下，欧宁的团队经过与碧阳镇的干部们反复沟通，终于获得了镇干部们的认可。在村里，欧宁与伙伴们则注重与村里深孚重望的族姓长辈的沟通，诉说到来的目的。欧宁与左靖依靠自己策展人与摄影师的职业背景，坚持策划组织了碧山丰年庆活动，丰年庆活动促进了村里物产的流通，前来参观采风人群的消费增加了个别村民的收入。这样的成果也在一定程度上证明了欧宁思路的正确性。随着首届碧山丰年庆活动的成功，外部关注纷至沓来，正面口碑彼此传扬，以欧宁与左靖为首的碧山共同体们的理想与志向才逐渐被当地政府、村干部以及村民们有保留地认识与接受。

3. 东城墙内的保护与开发——郭峪村

（1）高大城墙防护下的郭峪村

　　既然是古堡，通常都把高大的城墙作为防护的第一层次，在沁河古堡中，城墙绵延数里之长的不多，郭峪算是其中之一。郭峪村位于阳城县之东15公里，晋城之西30公里。郭峪在一条南北向的山谷里，樊溪河穿谷而过，郭峪位于樊溪的中游。境内南北长670米，东西长340米，总面积约22780平方米。分别与皇城相府景区所在的皇城村、海会寺景区所在的大桥村、天官王府景区所在的上庄村毗邻。郭峪建村始于唐前，村南的海会寺，始建于唐，初名郭峪院，唐昭宗乾宁元年（894）赐名"龙泉禅院"，这也算是印证郭峪最早建设年代的佐证。郭峪的行政建制在明代为里，郭峪里范围远大于现在郭峪村，包括了今天的大桥、皇城等村。民国6年（1917），郭峪村的范围敲定为现在的范围。

　　郭峪村是"中国历史文化名村"和"全国重点文物保护单位"，全村791户，2022人。1985年人均收入超千元，20世纪90年代进入了"小康村"的行列，1994年全村工农业总产值达3000万元，居北留镇之首。郭峪村除了建于明末的郭峪古城墙以其雄伟坚固闻名遐迩外，元代的汤帝庙，明代的豫楼、白云观等文物均是国宝级的文物。同时，郭峪村还是一个人杰地灵的宝地，明清时代郭峪出进士15个，居全县之首。深厚的耕读文化与经商意识以及当地特殊的军事战略地位和红色战争历史，综合形成了郭峪村独特的村落面貌和文化内涵。

据龙泉寺的文字记载，郭峪村起初是以郭姓命名，之后由于它紧临冶铁最为发达的润城上中下三庄（火龙沟），又与交通十分便利的北留镇毗邻，使得明代时大量的移民迁入，郭姓氏族渐渐式微，涌现了之后的王姓、张姓、窦姓等大姓氏族。明代末年，为躲避农民军的劫掠，樊溪河谷众多散居的小户迁至大村附近，以集体防御流寇的入侵。为了保护共同的利益，各家出钱出力，于明崇祯八年（1635）建成了阳城乡村中最大的堡墙，也形成了最大的杂姓村落。村内经商之风兴盛，作为地方一个重要的物资交换集散地，服务半径大，人口流动频繁，包容性强，这也成为郭峪村独特的村落文化。

（2）保护古建文物村规民约

郭峪村的辉煌不止于明清，20年前，村内煤炭资源的丰富蕴藏也使郭峪村民受益良多。采矿业、炼铁业为村里带来了厚实的资金积累，也为村

图1-25 维修前的豫楼

图1-26 维修前的汤帝庙

委积极开创新的经济增长点提供了坚实的物质保障。1993年左右，村委开始寻找新的发展方向，经过一段认真思考之后，他们对华东三省旅游市场进行了考察，看到旅游业的发展在发达地区正日益兴盛，这种新风尚一定会席卷整个中国。那么，什么可以成为吸引游客前来参观的资源呢？村委想到了自己家乡的遗产资源。起初，由于郭峪村历经各个朝代的战乱、天灾、重建等，村中除民居外仅仅保留了汤帝庙、豫楼、卫氏宗祠和部分城墙。汤帝庙的保留缘于每逢节日，那里是村民看戏的戏楼。关于反映当时郭峪作为商贸集镇的街道、商铺几乎已经没有踪影。再者，在急功近利发展生产、经济的同时，郭峪村也同样面临着周围自然景观遭到严重破坏的问题。村口的沿街垃圾满地，新旧房屋混乱建设，汤帝庙破败不堪。村中大多数民居厕所内只设粪坑，卫生条件较差，村中只有一处公共厕所。

图1-27　沿河公路垃圾遍地

图1-28　此处为村内保存最长的城墙原址

为了改善当时的脏乱环境，郭峪村委决心彻底清理村内的污染物，整治全村的卫生。为此，村委制订了《郭峪村保护古建文物村规民约》（1997年11月3日村民大会通过）。

第一章 总则

第一条　为了加强对古代建筑、文物遗产的保护，继承和开发历史文化资源，对全体村民进行爱国主义和革命传统教育，特制定本村规民约。

第二条 根据国家文物保护法规定，凡具有历史、艺术、科学价值的古建和文物，都在保护范围。郭峪现存古建和文物包括：

（1）古建类：汤帝庙、古城墙、侍郎寨、豫楼、古民居等；

（2）雕刻类：石柱、石狮、石础、壁刻、木雕、碑碣等；

（3）文物类：圣旨、匾额、楹联、器皿、书画等；

（4）革命纪念物："十二月事变"中郭峪兵变的遗址、遗物等。

第三条 贯彻"保护为主、抢救第一"的方针。教育村民树立高度的历史责任感、强烈的抢救紧迫感、以郭峪是历史文化名镇为荣的荣誉感，把保护古建和文物提高到社会主义精神文明的高度，形成村民的自觉行动。

……

第一章 汤帝庙的保护

第七条 汤帝庙由村委直接管理，不得做任何占用。

第八条 凡属汤帝庙原有构件，不得搬用，不得损坏，物置原位，保持原貌。

第九条 由村委派专人看管、保养和维修。

第十条 汤帝庙周围不得再有新建筑物，现有新建，要积极采取措施，尽快拆除或搬迁。

第二章 古城墙的保护

第十一条 土改时分给个人的城墙窑洞，产权不变，但不得擅自改建或拆除。

第十二条 以城墙原根基为准，维修东北段城墙及城头炮楼。

……

第七章 奖励与惩罚

第二十四条 有下列事迹的家庭和个人，村委给予表彰和奖励：

（1）对保护、抢救和维修古建筑成绩显著的；

（2）在重点保护院落中，保管认真，环境整洁，解说有据，待人热情的；

（3）发现文物及时上报或上交，使文物得到保护的；

（4）在古建与文物面临破坏危险之际，抢救有功的，为保护古建与文物敢与违法行为作斗争的。

第二十五条　有下列行为的给予处罚：

（1）在现有古建周围乱堆乱放，乱写乱画，影响古建风貌的；

（2）拆毁、改建、损坏现有古建的；

（3）私自出售文物、古雕、古董、古玩、古书、古画的。

第八章　附则

第二十六条　在党总支、村委会的领导下，成立古建文物保护领导小组，下设古建文物档案室与古建文物保护队。

第二十七条　每半年召开一次村民大会，总结古建文物保护工作，检查村规民约执行情况，奖励和处罚兑现。

第二十八条　本村规民约自公布之日

图1-29　东面村口

图1-30　修复后的豫楼

图1-31　修复后的汤帝庙

起施行。

自此之后，郭峪村党总支、村委会还制定了《"十一五"文物保护规划》，加大了维护修缮古建的投资力度，十几年中已投资4330多万元，为保护古建文物做了大量工作。2000年修缮汤帝庙、豫楼、西城门、西城墙，投资约180万元。2001年修缮汤帝庙、老宅门楼、院落、地道、街道等，投资约260万元。2002年修复文昌阁，维修西南、东南角城墙、城窑等，投资约650万元。2003年修复白云观，修砌城南排水沟，修缮高水门、低水门，维修东北面城墙、城窑、街道，安置拆迁住户等，投资约950万元。2004年修复文峰塔、塔院，整修下水道、街道，修建停车场，整治环境，投资约950万元。2005年修复毗卢阁、上山梯道，建城外广场，整治环境，赈置消防器材，投资约920万元。2006年整治下水道、街道、环境，投资约150万元。2007年整治环境，四线入地，修路，投资约150万元。2008年修筑城外住宅区跨河桥，整治河道，整修街道，安置拆迁，投资约120万元。2010年以后，又在城外修建村民搬迁户住宅一多套，为城中景区的进一步开发做好了前期工作。

（3）借助专家团队论证文物价值

郭峪村苗书记是1973年至2002年的老书记，为了在保护的基础上开发郭峪古堡，1992年开始，村委组织村里的文化精英开始编写《郭峪村志》，历时三年，编写人员几易其稿，伏案钻研，于1995出版。从1996年左右开始村委又积极展开了旅游发展规划的制定。1997年，苗书记和晋城市委宣传部有关领导亲自赴北京找到曾经来过阳城县考察的清华大学研

图1-32 郭峪古建首都专家论证会

究古建的陈志华教授，提出以郭峪村的名义邀请北京的权威专家学者开论证会，对郭峪村的古建筑给予明确的评价的设想。这对当时的郭峪村而言，绝对是一个大胆的假设，也是对郭峪村落历史文化价值的极大认可。1997年12月，罗哲文、郑孝燮、谢辰生、陈志华等国内顶尖专家汇聚一堂召开了郭峪古建首都专家论证会，给予了郭峪村古建筑高度评价。

《郭峪村保护古建文物村规民约》也正是在获得了确切的、权威的古村建筑价值、文化价值的基础上，村委认识到保护村落古建文物的重要性，而特此

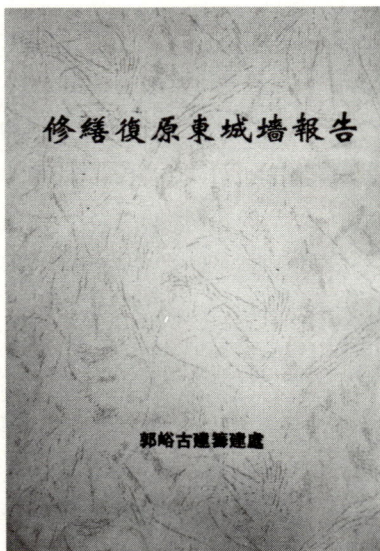

图1-33　郭峪修缮复原东城墙报告

制定。1998年清华大学陈志华教授等人来郭峪村做了《郭峪村古村落保护规划》。规划对郭峪村的文物价值从历史、科学、艺术等方面进行了深度挖掘，尤其对村落的人文传统予以了充分的重视，为阳城地区古村落保护和利用起到了示范作用。

2001年，村委会成立的郭峪古建筹备处申请对原东城墙进行修复，在此期间，村委做了大量的调研，与村中老者交流，回忆古城墙当时的面貌，询问古城墙的地平在哪里、水门的建设情况如何、是否有彩画等等。根据对数位老者的调研结果，村古建筹备处制定了东城墙修复可行性报告。这件事不仅体现了对古建文物的尊重，而且也使村民在数次的专家论证会中积累了大量的古建修复的经验。古建是村民的古建，他们是文物保护的主体，他们也是承上启下的代际传承人。很多的古建维修中只考虑专家之见，而忽略了地方文化精英的作用，这种做法会对古建恢复造成不可挽回的损失。

在古堡村民的不懈努力下，2006年郭峪村获得了全国重点文物保护单

位的荣誉，2014年国家文物局拨付了专项资金用于古城墙的修复。

（4）旅游开发的初试

自郭峪村开始修复村中文物以来，村委会一直尝试对郭峪村的旅游进行开发，但由于资金、技术、人才等一系列问题不能有效解决，村委会决定将郭峪村的旅游开发承包给河南的一家公司。当时郭峪村旅游开发的主

图1-34　2015年郭峪古堡售票处

题是红色旅游，组织了包括模拟抗战表演、穿越表演等在内的许多活动，2011年郭峪村开始首次对外收取门票。时间不到一年，由于村委换届，大多数村委认为郭峪村旅游基础设施未完善，线路未成形，过早收取门票会给游客带来不好的印象，因此暂停门票。直到2015年10月，郭峪村又重新开始设卡售票，开始了旅游开发的又一次尝试。

郭峪村的旅游开发走过了一条曲折的道路，既受村内基层管理与旅游管理机制不顺的影响，又局限于开发之初民居产权管理办法缺乏的制约。而同一时期的广东开平碉楼在旅游开发中及时完成了城堡的产权托管；浙江诸葛村则在旅游管理机制上突破了瓶颈，完成了古堡的重塑与地方文化的重生。

广东省开平市地处珠江三角洲西南部，属江门市管辖的县级市。开平

碉楼鼎盛时期有碉楼3000多座，现存1833座，其数量之多、建筑之精美、风格之多样，在国内乡土建筑中实属罕见。2007年"开平碉楼与村落"被正式列入《世界文化遗产名录》，成为我国第35处世界遗产，广东省第一处世界文化遗产。开平碉楼与村落在广东省文化发展的战略蓝图中，被赋予重要地位。申遗成功之后的开平碉楼与村落在短时间内吸引了大量的游客。开平主要景区的门票收入2008年比2006年实现了翻一番的增长。如此之多的开平碉楼，它的房屋产权均分散在居民个人手中，分布在不同的村落，如何实现产权清晰条件下的旅游开发？2006年的开平市在申遗之前做了很多创新性的工作，一是采取托管的办法解决侨房产权和管理的矛盾，寻访产权所有者，说明申遗目的，采取托管管理方式解决了一座华侨园林、38幢碉楼的保护、管理、维修问题。二是为申报文物本体立法，《省长令》《市长令》《乡规民约》为开平申遗提供了制度保障。

沁河流域有大量古建筑、古遗迹、古墓葬等重要文物遗存，文物存量达1323处。其中，被列为国家和省、市、县保护单位的文物点多达67处。保存完好的官宅民居，鳞次栉比，呈现一组组别具特色的明清城堡式官宅建筑群，它们不仅是一幅幅古代"自然山水画"，更是一座座具有强烈人文精神的东方古民居。为了实现文物保护与旅游开发的协调发展，沁河流域在古村民居产权管理方面也大胆创新，积极尝试。目前，产权托管、整体买断、售后租回等方式已经在沁河流域的古堡古村的旅游开发实践中陆续实现，郭峪村的旅游开发也将迎来破解难题的良方。

浙江兰溪市的诸葛村，是三国时期蜀汉名相诸葛亮后裔的聚居地，是全国诸葛亮后裔最大聚居地。诸葛村村落结构十分奇巧罕见，位于诸葛村九宫八卦图中心的钟池，一半水塘一半陆地，两面各设一口水井，形成极具象征意义的鱼形太极图。钟池周围构筑的八条弄堂向四周辐射，使村中的所有民居自然归入坎、艮等八个部位。诸葛村被国家文物局专家组称为"传统民居古建筑的富金矿"。现存有209座明清民宅建筑。明清时期有18座厅、18座堂、18口井及8条主巷。1996年被国务院批准为全国重点文物保护单位。

然而，在设立成为文保单位后，诸葛村在旅游发展之路上却几经周折。1997年，兰溪市政府为了旅游开发，接管了诸葛村原来的"文物旅游管理处"，成立以当地镇政府主管的"诸葛旅游公司"，由镇政府来经营管理。在大力发展旅游业的思想驱动下，镇政府启动了一个"孔明苑"的新项目，在诸葛村的建设控制范围内修建新的建筑，严重违反《诸葛村保护规划》，中途被迫停止。但这些新建筑已对诸葛村的自然环境造成了严重破坏，村口最美的出水口自然景观被破坏了，留下了40间不伦不类的房子。

经过几年来政府的前期启动和扶持，1998年后，经营权的重新下放。村委会通过银行借贷、灵间筹资，门票收入及集体可支配的资金都投入到旅游基础设施上。经过几年的滚动式发展，旅游门票收入从1994年的两万多元到2004年超过500万元。同时带动了村里第三产业的发展，村民参与的交通运输业、餐饮住宿、商业收入近2000多万元，村里几年来对古建筑保护和旅游开发共投入近4000万元。维修古建筑30000多平方米。同时加强对公司的企业化管理，培训导游、营销人员，加大宣传促销力度，以提高景区的知名度，每年又用于广告促销费用就要100多万元，以旅游的收益促使了古村落的有效保护。

如今的诸葛村，资产属于村经济合作社所有，公司是村委会、经济合作社所辖下的经营企业。村民建房、审批以及村内基础设施投入、村民福利待遇、旅游建设项目投入、行政事务都由村委会管。公司负责景区旅游经营和宣传促销工作，门票收入按比例上交村集体，公司独立核算，村委会相当于董事会。村委会和公司形成保护、利用、管理上既分又合、既合又分的一体化模式。

开平碉楼与诸葛村的旅游开发实践表明，古堡、古村的旅游开发，首先要破解的是资产产权和管理机制问题。他山之石，可以攻玉，郭峪古堡的旅游开发也将以两个问题的解决为前提。

4. 小城正门的故事——砥洎城

（1）小城正门的修复

在沁河沿岸的古堡中，山西阳城县润城镇北边的砥洎城可谓是将古堡防御功能发挥到极致的精品之作。砥洎城三个字颇有含义。砥，有砥石、阻挡等意思，砥洎城整座城建在一块大砥石上，形状像一个乌龟，在风水学上取金龟探水之意。一般的金龟探水多取顺水，而砥洎城则逆沁河水而建。洎，沁水曾称"洎水"，是沁河在润城段的别称。城，是指在这座以防御为主要功能的古堡内，已有很多民居建筑，个体民居兼具防御和居住功能，聚集而谓城。砥洎城是一座逆水行舟的沁水古堡，就在当下，沁河古堡建筑中也只有它没有进行旅游开发，始终保持着不断修护的状态。

"砥洎城"，享有沁河第一堡之称。原因之一就是砥洎城堡的环形城墙防御体系上，建有分别扼制城堡内外交通的陆路城门和水路城门各一座，即"正门"的南城门及望楼和被称为"水门"的北城门及望楼。据史书记载，砥洎城堡初建时并无建造"水门"的规划，其后补建应是出于取水或利用水路交通的需求，南城门是其唯一的出入口，所以称作正门。正

图1-35 1962年小城正门照片

图1-36 2015年小城正门照片

门由三层青砖楼堡式建筑构成，通高约15米。门拱上方嵌有"砥洎城"石碑，正门过道洞的内外两端分设两道城门，门洞内侧设有警卫房。双层城门，外防流寇，内防奸细，这在古堡筑城史上是一种创新。向外的城门原由铁闸承担，可惜在1958年的"大炼钢铁"运动中被送入土高炉炼掉。正门楼堡的第二层是武备库，用于储存冷兵器时代各种传统武器，新中国成立后尚有土炮、火枪等残余物品。正门楼的顶层用于警戒，设有周视四方的观察窗，楼房内悬铁钟一具，兼有报时和报警功能。

1-37　砥洎城保护与卫生责任制示例一

1-38　砥洎城保护与卫生责任制示例二

　　1969年担任砥洎城三产队长的张安明依稀记得当时正门的样子，自幼对古建筑尤其是对自己家乡文化投入无限热情的他是居民保护砥洎城的杰出代表。砥洎城内现有户数99户，人口210口。砥洎城没有煤矿，人均耕地也不足，村里人大都自谋职业。2000年时，正门梁柱已随着岁月的侵蚀坍塌多年，给过往行人带来很大不便，而且还有安全隐患。当时的砥洎城还不是国保单位，不能获得足够的资金支持。在张安明提议下，村委支持村民自发修复。张安明带领村民着手准备材料，大梁是从河滩砍树而得，柱子和檩条、小椽都是在晋城购买。椽上的方砖和瓦、搭檐、滴水都是从堆放在杂物里的旧料中翻找而得。最难修复的就是五脊六兽，为了找全构件，张安明和乡亲们跑了不少地方，兽头都是用两个破旧的残片拼凑起来。历经艰辛，历时数月，砥洎城村民以花费8000元的投入，修复完成正门，受到了县文物局的表扬。事实上，砥洎城获得国家资助下的保护修复是近两年的事情，民间自发保护是砥洎城古堡可以屹立至今的关键。民间保护主要以家庭、家族为单位，对自己所居住的院落进行保护，包括房屋屋顶的防水处理、楼杆等的维修。投入费用主要由各家承担，近十年来合计投入的资金大约在200万左右。再者是以村集体为单位的保护，主要包括防汛、防火、上下水、城墙塌毁修复、部分损毁建筑简易保护等等。为了完成保护任务，村集体组建了砥洎城防火、防汛小组，责任到人，对城内的上下水网络进行了改造，对城西部分塌毁城墙进行了修复。近5年来，总投资在300万元左右。

正门是建造时军士通向外界的唯一主渠道，从军事角度而言，它是防守者认为最薄弱的环节，所以对门的建造采用三层防御，内外双门。在当下，正门是居民出入的必经之路，村民通过自己的努力修复这一通道，仿佛与数百年前建造者的思想高度吻合，防一门而保全城，治一门而兴全城。砥洎城虽然没有作为旅游景点对外开放，但来到砥洎城的游人也络绎不绝，游客到此，必在镌石砥洎城横额的正门留影，殊不知这一正门修复背后的故事。

（2）最好的导游

旅游业的发展史，是从帝王巡游、贵族精英研学旅行开始的，那时的旅行应该是有专业的接待团队，包括熟知地方文化的学者、专业的厨师，或者是兴趣相投的朋友。旅游发展到大众旅游阶段时，旅游人数的增加推进了导游职业的产生，并促进了这一群体的快速壮大。但是由于队伍发展过快及行业监管等问题，使一些素质不高没有经过合格培训的人员充斥到讲解队伍中来，当下的旅游者已经不喜欢这些生硬刻板的讲解，不明所以然的年轻讲解员往往不是本地人，或者是本地人，却不熟悉其中的背景文化知识。随着游客对旅游体验程度的逐渐加深，

图1-39 张安明老师现场讲解

当地人，尤其是熟知当地历史的本地文化人作为导游是游客求之不得的精神享受。张安明则是砥洎城的资深导游，他从1998年开始接待山西电视台编导一行8人开始，至今已接待多批次来自英国、德国、美国、韩国、新加坡、日本、朝鲜等地的外国友人。还有陈志华、罗哲文、柴泽俊等古建专家，冯骥才等民俗专家；国家领导人、省市领导人1000多人；接待全国各大省市媒体100多次；各地自由行游客近十几万人。精彩的讲解总是可以给游客留下深刻的印象。

张安明的精彩讲解来自于个人对砥洎城的无限热爱中，1987年，限于现有资料没有提到砥洎城周长为多少，他专门抽出时间自己亲自丈量城池周长，704米的砥洎城精准周长是张安明测量出来的。1998接待了山西电视台的编导团队后，聂影提示他将砥洎城的资料整理为文本。1999年，张安明发表了《砥洎城探微》；2000年在一次研讨会上，他在《太行报》发表文章；2003年政府动议将沁河古堡打包申遗，张安民填报表格，前往晋城档案局提交砥洎城资料。2004年太行日报社和凤展购物广场有限公司组织"凤展杯"有奖征联，他的诗词获二等奖；2008年在中华诗词年会暨颁奖会上他获金爵奖。此外，在珏山、太行、孙文龙等征联、征诗的活动中，张安明老师的诗词屡屡获奖，张安明老师自主宣传砥洎城的行为默默无闻，但张老师却毫无怨言，对此更是乐此不疲。我想这一切都源于他对砥洎城的爱，对家乡的情。

张老师的讲解生动活泼，歌颂砥洎城的原创诗句更是张口就来。

（3）砥洎城坩埚城墙的讲解

"古砥洎城"藏头七绝一首

古堡若舟载凤凰，砥基如鳖探汪洋。

洎河环绕金瓯岛，城寨高横铁壁墙。

沁河发大水时从北面山上望，砥洎城像只大船，逆浪行舟。古官道曹堆坡笔立，似撑船的篙杆。东河作缆绳，海会寺塔为拴船圪桩。

润城古村，古人誉为"凤凰单展翅"，故"古堡若舟载凤凰"。砥洎城选址在千米河心一大砥石上，整个城池像一片大鳖。黑龙庙是龟头，四个炮台是龟蹄，正面城楼作龟尾，而城中十大街坊在"山城一览"图上自然按八卦形成龟甲

图1-40　坩埚城墙

纹。头朝北面大花坡，迎风劈水，自成金龟探水宝穴，故"砥基如鳖

图1-41　《山城一览图》

探汪洋"。整个城池三面临水，易守难攻，固若金瓯，故"洎河环绕金瓯岛"。砥洎城内富有肌理之美的坩埚城墙举世罕见，堪称一绝，故"城寨高横铁壁墙"。

"砥洎城"怀旧

千秋砥洎寨，三面水围城。

铁犊城头卧，金龟浪里行。

春晨群鲤跃，夏夜百蛙鸣。

八卦纵横路，迷离诸葛营。

砥洎城北面炮台上原有一对铁牛，四尺半长，乌黑发亮，是镇城之宝。城中院落以八卦为序排列，道路皆以"丁"字布局，设多条端巷，俗称"口袋路"，迷离曲折，陌生人入城皆迷路，像孔明布的"八卦迷魂阵"一样。

自嘲二首

学步之时逢动乱，十年风雨学业耽。

迎来改革青铜臭，砥洎城中茧缚蚕。

宝贵青春被锁枷，年高半百始涂鸦。

雄心不死充风雅，砥洎城中出井蛙。

自勉一首

淫荡红尘逐浅浮，风行尉起拜青蚨。

荣华可夺三军帅，贫贱难移大丈夫。

最好的导游是那种对家乡山水有着炽热般的爱恋，对家乡文化有着浸润般的理解，对家乡发展有着燃眉的迫切！文化身份的强化在被旅游者中经常发生，在每一次的文化探寻、文化宣传中，被旅游者希望的是得到游客的理解和认可。这是一种真正的文化交流，它是互动的，为游客的体验更为深刻，也为居民的生活更为美满。通常这种互动的热情是有期限的，尤其是居民的接待热情，随着游客的走马观花，随着游客数量的增加，他们的热情渐渐被磨灭。但是，在砥洎城张安明的身上，这种热情丝毫没有衰减，终其一身做砥洎城文化的忠实宣讲者。

（4）打造全国古堡民居第一县

砥洎城所在的润城镇是全国历史文化名镇，所在的阳城县正在积极打造全国旅游标准化示范县。2013年阳城县就在凤城、北留、润城三个镇，选择了具有代表性和引领性的5个行政村13个古民居院落进行了打造试点，在"打造"方法、步骤、措施和资金筹集等方面积累了经验，提供了示范。2014年在此经验基础上，阳城县全面推进打造全国古堡民居第一县的工作。

打造古堡民居的方法有产权租赁、产权买断和产权调换三种模式，根据试点经验"产权租赁"的方法比较合适。村委或者文物保护中心作为打造工作的主体，在打造之前，要同打造修缮古民居中涉及的每一个户主，签订打造保护修缮利用产权租赁协议书。租赁的内容包括：保护修缮、利用情况、租赁期限及租赁期满后的相关事项，租赁期限由各地根据本地实际情况确定。

打造保护修缮的资金采取以"村级为主体，县政府补贴，乡（镇）政府补助，社会资金参与"的办法进行。各行政村为打造古堡民居的主体单位，负责"打造"民居院落的本体修缮、周边环境治理、室内文化展示和消防、技防、安保等相关工作。

为了推进全国古堡民居第一县的工作，阳城县给予了相应的财政支持，下见《阳城县人民政府关于印发阳城县打造全国古堡民居第一县财政补贴办法的通知》。

一、补贴范围

（一）对古民居本体实施了抢救保护修缮的；

（二）对打造好的古民居周边环境进行了整治的；

（三）在古民居室内进行了地方特色文化展示的。

二、补贴分类和标准

（一）打造修缮文物本体的补贴：

1.文物本体补贴分类：

（1）我县古民居分为官式民居（商家民居）和普通民居两大类。

（2）对实施修缮的古民居按间数和保存现状予以补贴。

东、西、南、北主房（上下）一间按一间补贴；耳房（东南西北角房）两间按一间主房的标准补贴。保存现状分为塌落特别严重、严重和轻微三种类型。

2.文物本体补贴标准：

（1）官式民居（商家民居）：塌落特别严重的，县财政补贴9000元/间；塌落比较严重的，县财政补贴6000元/间；塌落轻微的，县财政补贴3000元/间。

（2）普通民居：塌落特别严重的，县财政补贴7500元/间；塌落比较严重的，县财政补贴4500元/间；塌落轻微的，县财政补贴2700元/间。

（二）打造修缮古民居周边环境治理分类及补贴标准：

1.周边环境治理补贴分四种类型：

（1）影响古民居本体修缮、周边环境整治及进入古民居道路铺设的非文物建筑拆迁。

（2）古民居院落（不包含台阶以内）、周边及进入古民居道路的铺墁。

（3）打造修缮古民居点标牌标识的设置（古民居范围内、进入古民居主入口和道路两侧）。

（4）古民居内特色文化展示。

2.周边环境治理补贴标准：

（1）古民居道路两旁及周边非文物建筑物拆迁（进入古民居道路：长100米，宽3~5米），县财政补贴2000元/间。

（2）古民居院落、周边、进入古民居道路的铺墁（长100米，宽3~5米用材：砂石、青石（剁斧石)、古砖、材料厚度均为8~10厘米），县财政每平方米补贴100元。

（3）古民居标牌标识的设置(使用材料要与古堡民居建筑风貌相符相称)。在进入古民居道路两侧及主入口设置标牌标识，按照具备审核资质中介机构评估决算结果的15%予以补贴。

3.古民居内特色文化展示的补贴标准：

在打造好的古民居室内进行具有特色的文化内涵展示，根据实际投资，按照具备审核资质中介机构评估决算结果的15%予以补贴。

[摘自阳城县人民政府文件 阳政发（2014）9号]

（5）润城镇

润城镇，这个名字，咀嚼在口中，总是多了份水绕城过、风调雨顺的意味。事实上也的确如此，沁河绕着润城镇西蜿蜒南下，东河（又称樊溪河）穿行而过并最终汇入沁河，东北和东南倚着紫台岭和翠眉山，孕育了东河源头的可乐山，海拔超过1500米，容易在夏秋季风来临时，阻挡暖湿气流的北移，于是就地成云致雨，成就了润城镇农耕时代雨水不断的有利条件。

而关于润城镇之名的由来，也在漫长岁月中几经更改。春秋时期，人们把沁河称为少水，润城镇因河得名为"少城"。到了推广应用铁器的战国时期，由于阳城据有丰富的铁矿资源而发展成为冶铁重地，作为其重要组成部分，彼时的润城镇被称为"铁冶镇"。大约在唐代，润城镇又被更名为"小城"，直至明朝的嘉靖年间，才有了现如今的"润城"之名。

游客来到润城镇，发现这里除了著名的砥洎城之外，村落美景也颇让人印象深刻。临山依水的天然环境，也塑造了润城镇的村落格局。走进润城镇，缓缓淌过的东河水，将润城镇一分为二，分出了南北两岸截然不同的风貌。古人依据他们对村落道路网布局的经验和智慧，将道路以功能作为划分，从而进行不同的分类。

南岸的街巷走向随意，形状呈曲线状延展的商业主干道被称为南岸街。行走在街边的居民住所旁，感受这条曾是为来往人困马乏的商旅提供住宿与饭食而店铺林立之地，随着时间的推移，商贸的热度逐渐减退后，就渐渐成了我们所能见到的民居住所。

相较南岸而言，北岸的道路格局肌理分明了许多。同样是商业街为主干道作支撑，北岸的道路网络就是呈鱼骨状的。这条名为三门街的商业街，早在明清时期就十分繁华，临街建有钱庄、当铺等林林总总的各类商铺。但与南岸有所不同的是，这里仍保持着商贸的活力，因此不少商贾官宦都将家宅安置在此街两侧，周边的建筑至今大多保存完好。

所能看到的，颇具代表性的民居建筑就属坐落在三门街街口、街边第一家的郭宅。虽然是临街第一家民宅，但郭宅的大门并非依街而设，而是需要我们沿着甬道穿过两道门，才得以见着掩藏在高墙灰瓦后的郭家大门。今天的郭宅入口，是将其原有的三门改建，设置了牌楼式的建筑。郭宅是座两进的院落，进入大门后，便到了两层楼高的第一进厅房院，在从前，当有贵客临门时，主人们便能将宾客引到面向院子而建的过厅。接着

图1-42　润城东岳庙

由过厅东侧的过道往里走，游客就来到了主人们日常起居的第二进——内院。内院的正房是颇有气势的三层建筑，一二两层为拱券式门圜，第三层中间开有槅扇，还设有可凭栏远望的扶手栏杆，类似于现代住宅的阳台，能静静地感受到郭宅整体高低有序、错落有致的布局，足见当时修宅建院的人们的严谨布局与生活情趣。

继续沿街而行，就来到了位于三门街的东岳庙，这里也曾见证了此街

的熙攘兴盛。东岳庙供奉着的是东岳大帝，庙宇从宋朝开始便香火不断，经过了明清两朝的多次修葺，现存的主要院落有献亭、齐天殿以及后宫。在这座建于明代的献亭旁，看到了围亭而建的石栏杆望柱上雕有生动活泼的石狮、石象等，虽然由于年代久远，雕塑已是风化残缺，但纹理轮廓依然可见。顺着轴线往里走，便行至供奉着东岳大帝的齐天殿，与献亭一样，它也是建于明朝，殿顶是单檐悬山并辅以绿琉璃瓦为饰。东岳庙内最后的建筑是后宫，是为了给忙忙碌碌的东岳大帝提供休息的场所，至今，这座两层的寝宫，二层梁架上龙腾祥云的图样依然清晰，色泽明快鲜艳。静静徜徉其中，感受这里的古松映辉，古建云集，红墙碧瓦，古雅庄重。

在润城，值得一提的宗教建筑还有位于村外、隔河南望的山头上坐落着的一座轩辕庙。庙宇的屋顶整体采用红黄相间的琉璃瓦，在阳光的折射下，掩映在青山绿树中的庙宇熠熠生辉，远远望过去，次第连接紧凑的轩辕庙依山势曲折向上，原本就生机勃勃的天坛山更为活泼了。据说，到了每年的农历三月十五，络绎不绝的乡民仍会去逛逛天坛山依据惯例举行的庙会，好不热闹。

砥洎城、润城镇，以它独有的历史价值、建筑价值引起了无数文化体验爱好者的青睐。但旅游开发是一个遵循旅游市场规律的行为，利用世界遗产申报扩大影响，依据市场导向组建旅游开发组织是润城旅游开发的当务之急。

沁河流域的古堡是前人留给地方的宝贵遗产，对它们的保护是放在首位的，树立"遗产村庄"的理念必不可缺。沁河流域古村古镇的风貌，难免由于镇容的现状显得不合时宜。随着时代的变迁，古建筑留存数量越来越少、保存极不完整，能被称为"古建筑群"的村落少之甚少。加之沁河流域的传统古村落以平民化的乡村聚落为主，式样雷同，倘若用作观光展示则会内容单薄，甚至村民也会因为房屋老旧而不愿意继续居住，因此对这些村落的保护意识较为淡薄，当地政府、村民都急于对村庄进行改造，以改善本村的乡村面貌和居住条件。求发展的意愿与诉求本身是合理的，关键在于如何处理保护古村镇风貌与促进发展关系的协调。建立"遗产村庄"的概念，比传统的"文物保护单位""历史文化名村"等概念更加符合古村落的特质。在沁河流域的古村落中，保留了相对完整的乡村文化和文化空间，建筑形态与街巷格局仍是较为完整的历史肌理，在开发利用上，用"经营遗产"的理念作为古村落保护与开发的基本理念，就是把乡村文化遗产作为资源来进行经营。这就要构建科学的商业模式，在保护的基础上，建立合理的利益分配机制，处理好保护、开发的关系，以及政府、投资商和村民之间的合理分配。

在旅游开发的探索道路上，并不是所有的古村落都是一帆风顺的。有些古村落也曾在探索的过程中出现拆旧建新的冒进问题，因此"遗产村庄"的理念应当贯彻始终，并得到有效实行。

二、沧桑古村，生命不息

英国诗人库伯曾有言："上帝创造了乡村，人类创造了城市。"

虽然站在不同角度，每个人对这句话有着不一样的解读，但无可否认的是，乡村是天生的宠儿，自然、淳朴与美丽并存，寄托了太多人的情怀与遐思。但是，随着现代化发展的脚步，不仅仅是城市，如今连乡村也站在发展的岔路口上，尤其是侥幸留存至今的古村落。古村落，也就是传统村落，是指那些在民国以前就已建村，保留了较为完整的建筑环境和风貌，并且村落选址没有经过大变动的，具有独特民俗民风，至今仍服务于民的村落。这些村落承载着很多历史传统信息，蕴藏着许多传统乡村文化，而站在岔路口的古村是守卫那份宁静而裹足不前，还是将其投入到现代化发展喧嚣的浪潮中？面临抉择，无论走哪条路都需要有破茧的勇气和野草一样顽强的生命力！在时代推进的过程中，有很多古村落在经历了低谷与徘徊后，找到了合适的成长道路，为接下来千千万万乡村的转型率先找到了落脚点。

1. 潜心十年，一鸣惊人——上庄古村

（1）上庄古村与天官王府

上庄古村位于山西省晋城市阳城县润城镇中部，是阳城县沁河段的重要村落。由于地处庄河上游，故而得名上庄。上庄村位于太岳山南麓，距国家5A级景区皇城相府仅3里之遥，是国家住房和城乡建设部、国家文物局、文化部公布的"中国历史文化名村""中国传统村落"；2014年3月，又荣获"中国景观村落"殊荣。全村共有居民360户，980口人。现为国家AAAA级旅游景区"天官王府"所在村落。

上庄古村落形成于宋金年间，距今已有近千年的历史，是明代重臣王国光及其家族数代相承建造的大型官居建筑群，现有保存完好的官宅民居40余处，约5.3万平方米，涵盖了居住、宗教、祭祀、文化、商业等建筑类型。从我国存世最古老的元代民居、明清两代留存的官宦巨宅到民国时期中西合璧风格的"樊家庄园"在这里无不具备。被古建专家称为古

村落保护的杰出典范，有"中国民居第一村"之美称。这里也是电影《烽火别恋》《战将周希汉》和大型古装电视连续剧《三滴血》的重要外景拍摄地之一。上庄古村是依据中国汉民族传统规划思想和建筑风格建造的，它的设计完全继承了封建的"礼制"和习俗，并在建设伊始，就大量引进了江南水乡的建筑风格。古建筑群布局以庄河为中轴线，在河的南岸有天官府、进士第、炉峰庵；在河的北岸有参政府、司农第、王氏祠堂、望月楼、樊家庄园等。整个建筑群布列有序，规模宏伟，青山环绕，流水潺潺，可谓占尽风水。宅院以二进院为主，设计精巧，建筑气势宏伟。外观封闭、高门深宅的四合院达到了使用功能与建筑艺术的完美统一，充分显示了我国劳动人民高超的建筑工艺。

图2-1　古村与王府

之所以将村中明清为主的古建筑群命名为"天官王府"景区，主要是因为这里是明朝吏部尚书王国光归隐的落脚之处。按照古代官职，六部尚书各有别称，吏部尚书就被称为"天官"。王国光一生仕途坎坷，宦海沉浮，中了进士后，从吴江知县起步，之后几经调动，最终在内阁大学士张居正主持朝政期间，王国光担任户部和吏部两部的尚书。在任期间，还为张居正实施的"一条鞭法"撰写《万历会计录》，这份文件为政策的实行提供了理论依据。但在张居正逝世后，王国光饱受争议，备受弹劾直至他离职退休，由于从政期间树敌太多，反对派还在他的家乡散播谣言，致使他无法回归故里，无奈之下，只好举家搬迁到了上庄村。

历史的车轮载着上庄走过了明清依靠工商业贸易而繁盛的时期，走进了20世纪80年代依靠煤炭产业实现资金积累的时代。1992年至2002年煤炭的黄金十年使得上庄集体经济收入的积累相对充实，村民的人均收入迅速提高。2003年全村经济总收入480万元，人均收入4000元。新上任组建的村支两委在不断发展现有集体经济的同时，始终没有忘记村里旅游基础设施的建设。也许，这种意识起初只来自于对三里之遥皇城相府旅游经济发展的垂涎，但旅游给皇城村所带来的生态、文化、精神等方面翻天覆地的变化才是村委们感受到的最大震撼！

（2）永宁闸与河街的修缮

当我们缓步进入上庄村中，能感受到村庄的四周群山环绕，风景秀美。首先映入眼帘的是气势巍峨的"永宁阁"。一条源于樊山的小溪从"永宁阁"下的闸口缓缓流出，最终汇入不远处的庄河。由于上庄村被其村域的十座山坡环抱，所以上庄村有着得天独厚的天然屏障，只需要在山口建一处闸门，便足以保一方平安。而担当这个重任的，就是永宁阁。永宁阁上题有"水绕云从"的牌匾，我们登上阁楼，眺望阁外，体会了一番庄河绕城而过、青山合抱之感。据说阁内曾塑有圣像，西阁塑有关帝，姿态威严，保卫古道，东阁塑有观世音，慈眉善目，守护村庄，只可惜，在时代的变迁中，塑像已是踪迹全无，但阁内至今仍然留存着飞龙与祥云的壁画。

游客行走在石头铺就的古河街上，河的两岸是紫砂岩砌成的堤坝，颇具江南水乡风格的青砖瓦舍沿溪而建，望着街道两边规律分布的明清古建筑，感受着浓浓的历史气息。据说这条街道是两用的，天晴时可以让车马穿行，待到大雨时又是泄洪之道。街角一处泉水终年不枯，村里人称为"国光泉"，传说是皇帝御赐给"天官"的泡茶泉水。南岸有天官故居尚书第以及进士第、炉峰院等，北岸是参政府、司农第、王氏祠堂、望月楼。

江南水乡配上北方的砖石大院，河街南北交融的景色很容易让游客产生无限的遐想……而眼前的一切，是村支两委带领村民历时十年春燕衔泥般对河街等建筑修葺的结果。

2006年，上庄村开始打造"天官王府"旅游业创业转型发展的第一步——古建维修，这一步坚实而长远。当年，村委开始对天官王府旅游开发项目的重要组成部分——炉峰院景区的修复工程进行进一步的完善，并于当年10月实现了对外开放。在修复炉峰院的资金来源上，村两委积极想办法，募捐活动受到了以党员为代表的村民的积极支持。投资160万元展开了永宁闸口河道景观治理，增加水域面积4000平方米，大大改善了天官王府景区的外围环境。

在集体投资修缮的基础上，村两委充分发动社会力量参与保护维修。仅2007年，上庄村委就吸收社会各类投资和捐款60余万元。对所有捐款赞助的单位和人士，立碑表彰，激发了大家参与保护维修的积极性。

图2-2 河街修复中

图2-3 河街修复中

起初，历史建筑的维修需要雇佣有资质的建筑单位，但在长期的摸索中，上庄村民自发组建了文物修缮队伍。由于他们熟悉地方文化，并在时间上保证了修缮的及时解决，使得上庄的古建修护历久弥新。到2010年整体古建维修基本完成，对委将维修的古建记载在了历史的那一页。

图2-4 修复后的永宁闸

上庄古村古建维修具体情况

名　称	维修建筑面积（平方米）	铺地及围墙面积（平方米）	备注
樊家庄园	678.5	350	
马房院	166.8	23.5	
樊家祠堂	408.7	130	
过街楼	54.5		
仰山居门楼	29		
厅房院	467.3	220	
老门坡门楼	78.5		
望月楼前院	226	31.5	
秦家楼	670	110	
进士第	494.5	71	
中院门楼	50.4		
河口院外房	96		
老门里	647.2	86	
沿街院	156.3	64.8	
合计	4223.7	1087	
其他	修复门球场牌楼1座；修复樊家、树德居、望月楼等门楼9处；新建厅房院厕所一处。以上工程投资约600~700万元。		

资料来源：王晋强2010年工作总结

（3）整肃景区基础环境

为了解决旧房的维修问题以及未来开展的旅游景区工作，村委借鉴沁河其他村落旅游开发的经验，同时利用后发优势，避免了其他村落的教训。

　　早在2003年，以李兵生为带头人的村支两委经过认真分析研究之后，认为上庄村之所以混乱，其中一个重要原因就是村民的住房问题，它已成为村里各种矛盾的焦点。上庄村地处山区，人多地少，可以建房的地更少，因此从1995年以来，就没有给村民批过宅基地。随着上庄村的发展，住房困难一直是村里的老大难问题。根据实际情况，如果按照有些村那样拆旧建新，不仅会使建房成本加大，增加农民负担，而且还会破坏村内至今保存完好的明清古建筑群，不如节约有限的土地资源，在半山坡挖山造平地，发展高层建筑。2006年，新建的两幢可容纳70户居民的住宅楼工程完工；2007年开始，投资1800余万元修建了住宅小区。随后，采用产权置换的办法对重点古建区域内的古宅院进行集体回收，到目前为止，已置换回收各类建筑13000多平方米，为大规模修缮打下了良好的前期基础。同时，通过一系列的保护管理措施，有序地组织历史文化名人后裔和热衷古村落保护工作的村民回迁居住，还原了完整的古村落生活气息。广大回迁住户不仅是古建筑的日常维护者，更成为了古村落保护的直接受益者。

　　为了实现旅游环境与居民居住环境的改善，村委于2004年投资100余万元，对全村大街小巷进行了硬化、绿化和净化；投资80余万元新打自来水井一眼，并建造了相立的配套设施，使家家吃上了自来水；在沿街沿河两旁敷设了排污管道，实行了村内卫生隔日扫，日产垃圾天天清，改善了环境；消灭煤堆、取消三圈、改良厕所、跟踪绿化等工作有序推进，村容村貌有了明显的改观。

　　根据住宅区、活动区实际状况，修建区内居民办事、休闲娱乐、健身活动等场所，成立物业管理区委会，使小区建设更规范、更具体。完善南花园休闲景区及河道园区的工程建设、修建积木长廊、硬化进园区道路建设、雕塑绿化带内奇形工艺设施，并引水入闸创设瀑布景观等。

（4）景区的标准化建设

　　2012年，为提升景区品位、完善服务设施，确保王府景区管理工作有序推进，上庄村修复了王国光故居；硬化了景区至皇城生态园旅游公路；新建了游客接待中心、生态停车场、星级厕所；对炉峰院、永宁闸、游客接待中心实施了亮化改造；完善了景区道路和导览标志标识；安装果皮箱25个、休闲座椅20个。这些使景区的标准化工作稳步推进，为4A级景区的申请打下基础。

图2-5　导游培训

组建导游队伍，紧紧围绕提升员工素质这一主线。通过培训，上庄村导游解说员从无到有，从质量到数量上都有了新的飞跃。注重旅游安全，这一点在古村落旅游管理中实属少见。上庄村严格按照上级有关部门的要求，认真落实安全责任制，把安全工作作为景区的首要工作来抓，完善监督

图2-6　中庄秧歌传承人表演中庄秧歌

检查机制，对景区内的消防设施、警示标志等开展经常性、拉网式安全检查，发现问题，及时整改，确保了全年无一起旅游安全事故发生。

活化历史景观，组建中庄秧歌队。2013年，村委紧紧围绕县委、县政府构建"3+1"大旅游发展战略精神和镇党委、政府打造"沁河古堡文化旅游区"的总体工作思路，结合景区发展需要，新成立了非物质文化遗产"中庄秧歌"演出队。在满足游客的同时，还代表县旅游局出席了"5·19中国旅游日"和晋城市文化局在文体宫举办的国庆"文化惠民工程"节目展演。中庄秧歌的推出不仅极大地丰富了当地群众的精神文化生活，同时也使上庄古村有了浓浓的文化气息。

（5）向世人展示最美的上庄

十年建设，一朝放飞。从2012年开始，村集体加大了对上庄古村的宣传营销活动。借助历史文化名人王国光诞辰500周年这一历史机遇，上

庄村通过和主管部门沟通，以晋城市旅游文物局、晋城市文化广电新闻出版局为主办单位，中共闫城镇党委、政府为承办单位，于2012年9月25日在天官王府景区隆重举办了"纪念历史文化名人王国光诞辰500周年暨天官王府国家AAA级旅游景区开业庆典活动"，此项活动得到了省市县各级领导的关注与大力支持。先后有数十家新闻媒体进行了跟踪报道。一是在晋城市文体宫新闻发布厅举办了"天官王府景区开业庆典新闻发布会"，在开业庆典期间又相继推出了"历史文化名人王国光学术思想研讨会"、"天官王府景区非物质文化遗产保护项目展演"等系列活动，提高了景区对外影响；二是媒体宣传，上庄村在省、市、县及周边电视台通过播放宣传短片、广告飘字等方式进行宣传的基础上，又与上海东方卫视《冲刺中国》栏目、央视《走遍中国》和《探索发现》等栏目合作，对景区进行了宣传报道；三是制作了天官王府网站，发放宣传折页2万份、精装宣传画册5000余本，进一步增加了宣传内容，扩大了宣传范围，提高了宣传受众数量。

至此，村集体成功打造出了"中国民居第一村""中国明代第一村"等具有较大影响力的上庄古村"文化名片"。

2013年是上庄村收获果实的一年。2013年国家和省发改委历史文化的名村保护设施建设项目专项资金900万元；阳城县打造美丽乡村配套资金135.25万元；阳城县打造中国古堡民居第一县历史院落维修补助资金47.96万元；晋城市市级文化产业发展专项资金30万元；省旅游局旅游项目补助资金10万元；村级老年日间照料中心补助资金7万元；宣传部特色文化村建设专项资金5万元；农村文化建设专项资金1万元；阳城县革命老区补助资金1万元；环境卫生补助资金1万元。

获得各种资金的资助既是对上庄之前村落建设的奖励，也是对上庄未来的促进。2014年上庄村紧扣"美丽宜居"目标，充分利用历史文化名村保护专项资金，深化环境综合治理，全面提升改善村民人居环境。全面实施了中街、广居门、茹家巷三条主巷和周边支巷的供排水管网改造、三线入地、街巷铺装和中街以南区域的消防管网建设工程。借力美丽乡村建设

图2-7　王国光学术思想研讨会　　　图2-8　天官王府承办《我爱上党戏》

项目，完善了龙掌沟至郭峪、皇城、海会寺等景区的休闲绿道和小松坡、迎驾堆两处观景台建设；配合政府部门完成了休闲绿道沿线"大地景观"种植和导览牌安装工作。

上庄虽然起步较晚，但它利用自己的交通优势，形成了与皇城相府、郭峪古城、海会寺等景点连片发展的旅游观光片区。为了进一步扩大客源市场，上庄村在2014年与晋城康辉旅行社签署托管协议，完成景区托管工作。

（6）景区托管，村落发展不托管

不明内情的人总认为上庄的成功在于2014年将景区托管给了康辉。事实上，在此之前的2013年，上庄共接待游客6万人次，门票收入150万元，安排农村剩余劳力50余人，带动了村内餐饮、住宿等相关产业发展，取得了较好的经济和社会效益，实现了历史文化名村保护与开发利用的良性循环。

早在2004年上庄村支两委为了搞好旅游开发，修建水泥路800余米，至此上庄村8米宽的高等级水泥路已达2.3公里，公路质量、道路绿化都达到了验收合格的标准。2012年，为做好与旅游相关配套产业的发展，通过考察研究，扶持村民徐江路开展餐饮接待项目，主打地方特色，取得了良好效果。2014年村两委决定引进康辉旅行社这样的专业管理部门，以谋求更快地发展。

在之后的旅游配套中，上庄积极扶持和培训非物质文化遗产项目的演出，村民参与率直线攀升。通过推出优惠政策和创造良好投资环境，加大招商引资力度，吸引有实力的单位或个人落户上庄，在各适宜投资地段进行投资办厂或开办餐饮、商业、住宿接待等设施，促进村民就业；采取全民入股、户户受益的办法，推进餐饮接待设施建设。

康辉旅行社入驻天官王府以来，从经营理念上做了很大的改变，由之前"天官王府"的经营转变为"上庄古村"运作。为此，康辉旅行社除白天在景区推出了阳城鼓书、中庄秧歌、地方道情、传统婚俗表演、腰鼓表演等具有浓郁地方特色的表演节目外，又积极打造夜间表演节目，以天作幕，以楼为台，推出了《晋国风》大型民俗表演。那充满乡土气息的表演再现了儿时的生活景象，久违的乡音勾起了记忆中的那缕乡愁，"打铁花"这一国家级非遗节目，更是把每位游客带入了灿若星河的天堂……文化营销在这里发挥到了极致。康辉的经营理念不仅炒火了上庄，也为北方夜间旅游体验项目的开拓提供了良好的范例。

尽管在2014年村委将景区托管给了晋城康辉，但村委对村中环境的治理、村民素质的提升以及本地文化的传承都没有丝毫的松懈。正是由

图2-9　2013年天官王府举办"相约王府，爱在七夕"活动

于村委与托管企业的良好互惠关系，使得上庄的发展被众多旅游业界人士看好。

图2-10　2014年天官王府举办"相约王府，爱在七夕"活动

遥想当年，王国光官至吏部尚书，呼风唤雨何其风光，但是自己归隐后的居所却不甚奢华，与相邻的皇城相府主人差下了一大截。"仙居遥在水云西，一入青冥万壑低。拔地石精盘虎豹，撑天华表挂虹霓。横开锦翠光疑溜，乱踏琅玕步欲迷。隐隐虫书环四壁，前程犹自显标题。"心头突然想起王国光的诗句，那钟灵毓秀、文运才思、恬静疏远的年月如今依然感同身受，这也许就是上庄的精神气质。

像上庄村这样以一个核心景点为中心，带动村落整体风貌保护的做法是可取的。遗产村庄的保护与开发，是以"保护"为存在前提的。沁河流域古村落的美，在于其古香古色且宁静祥和的村落形态与氛围，这些都与古村落的格局、古建筑特色等休戚相关，保护好历史文化实体，即使是不完整的，但仍要保有其原真性。因此，地方政府要编制科学合理的古村落保护规划，制定切实可行的法律、法规。这些法律、法规不应该仅仅制定约束性条款，而应提供更多的切合实际的古村落保护办法，更应该以奖励的方式对古村落的保护予以正面的激励。

在上庄古村的古建筑中，反应不同历史时代的建筑都被很好地保留下来，元代民居已经被修复，民国时期的花园也已开放。这种真实的历史存在感立体、形象地呈现在我们面前，它融入到了不同的建筑形制中、显示

图2-11 《晋国风》2015年春节

图2-12 2015年7月，村两委集体整理景区环境

在花样翻新的砖雕艺术里，这样的呈现方式是游客所喜爱的，沿着时代的足迹、体验不同时代背景下的文化基因。古村落之所以"古"恐怕就体现于岁月在村落角角落落的雕琢中，它不同于人造景观，更有别于文化主题公园，它的吸引力应远远超过它们。也许是当下娱乐至死的消费理念，快速消费的消费方式，使得游客来不及慢慢品味这些古村落的点点滴滴，因此也失去了与前辈对话的绝佳机会。

2. 宗族文化的旅游展示——柳氏民居

宗族文化是中国传统文化中的重要组成部分，它源于乡土，盛于乡土。对家族而言，它对于一个家族成员内部关系的处理，对于家族成员日常行为规范的约束都起到了非常重要的作用。对国家而言，它至今影响着人们的生活方式和行为习惯。曾经因为多种原因，宗族文化的影响力逐渐衰弱，但在沁河流域的西文兴村，柳氏族人正在以自己的方式表达着恢复宗族文化传统的愿望。

（1）西文兴与柳氏民居

山西晋城西文兴村立于沁水县城西南方向25公里处，从阳城北留镇上高速，西北行30多公里，在芹池镇下高速，过张村乡，到达土沃乡，就可以看到巨大的旅游标识牌"柳氏民居"。明永乐四年（1406），柳宗元遗族耕读发家，始造河东柳氏府邸一进十三院，占地三万多平方米，是中国目前唯一以同祖血缘世代聚居的原始古村落。西文兴村是中国第二批历史文化名村、山西省第一批历史文化名村。村落历史至今已有600余年，村名西文兴，也叫西大兴，该村现有56户人家，220多口人，其中95%的都姓柳，只有5户是外姓，因此，当地人又称它为柳氏民居。

柳氏遗居为何以"西文兴"命名，从《柳氏族谱》的记载中可以找到答案。"元和祸及族人，万年世祖永州河东传训，以昭贤孙"，这个"万年世祖"，指的就是柳宗元，因为从柳宗元七世祖开始，柳宗元一支就已经搬到了当时的"京郊万年"，也就是现在的陕西省万年县。在唐永贞元年（1806），顺宗皇帝升任柳宗元为礼部员外郎，与王叔文王丕等人力主政治革新。同年八月，宪宗皇帝即位，改号元和，史称"永贞革新"的政治变革彻底失败，"于众党人中罪状最甚"的柳宗元，先被贬为邵州刺史，中途又被加贬为永州司马。永州期间，处于政治恐惧中的柳宗元唯恐"祸及族人"，于是"传训"河东，"弃府始徙，盛名勿扬""皇恩食邑中条道中""以为文人代兴者"，再加上柳宗元及其后人属于河东柳氏西眷的一支，所以，这里就叫做"西文兴"了。至今保存的《祠堂仪式记》等各种碑刻中清楚地记载了西文兴村按照传统儒家文化和宗族礼制修建，神庙、宗祠牌坊、大小院落等一应俱全。进入村中，宗族昭穆，排列有序，正庶亲嫡，安置得当。

即使这样一座承载了上千年历史信息的村落，也不能停止跨入21世纪的脚步。由于近代没有矿业资源作为集体收入，西文兴村的百姓过着贫苦的生活，西文兴村成为一个典型的贫困村。没有资金修缮，关帝庙破烂不堪、杂草丛生；河东世泽门头、门柱断裂多年、难以修复；各个院落脊陷，瓦破，村民无可奈何，见下图。

（2）外乡人与柳氏村落的再生

2000年，时任山西聚金物贸有限公司董事长的孙聚财，祖籍河南。在沁水施工期间，偶听朋友谈及西文兴村的情况，村中有大量的明清时期建筑，工艺精湛、文化内涵深厚，引起了他极大兴趣。之前他曾承揽多项建筑工程，有着丰富的经验和独到的眼光，尤其对古建筑工艺十分热爱。

图2-13　河东世泽门头（旧）

图2-14　司马第旧照

图2-15　十二道内门套旧照

图2-16　恭处居旧照

听到这个消息后，立即动身前往参观。当他来到西文兴村时，彻底被眼前的景象所震撼。古村坐落在一条南北走向的山梁上，依山傍水而建，一派气吞山河之态。由于历史、自然等诸多原因，古村中很多建筑已塌毁，仅有8座院落还比较完整，这些庭院建筑形制大致相仿，皆为四大八小院式。宅第的大门均有牌楼装饰和石狮石鼓相镇。这些古院门头高大，雕刻精美，装饰华丽，并存有明清皇赐匾额数块，虽古痕斑斑，却风韵犹存。如何可以使这些历史遗存能世代相传？如何可以使长期偏安一隅的柳氏文化山西晋城支脉绵延不绝？或许是出于一种责任感，或许是对未来进行旅游开发的战略谋划，2001年他放弃了苦心经营多年的山西聚金实业有限公司，在多次与县政府协商后，于2001年12月在沁水工商局注册成立了柳氏民居实业开发有限公司，注册资金138万元，并与县政府签订了50年的保护开发合同。孙聚财带着自己全部的积蓄和对文化遗产保护的满腔热忱来到柳氏民居，拉开了柳氏民居抢救性修复的帷幕。怀着对古建修复与传统文化的敬畏，孙聚财本着修旧如旧，保持遗产真实性的原则，开始了长达13年的柳氏民居修复之路。

图2-17 关帝庙旧照　　　　　　　　图2-18 成贤牌坊旧照

图2-19　成贤牌坊修复照

图2-20　司马第修复照

1999年，清华大学为古民居作了保护规划。2000年国家文物专家、学者对柳氏民居保护规划进行了评审、论证。同年，太原理工大学对古民居做了可研报告。2002年晋城市计委立项批复。2004年在北京大学成功举办柳宗元文化节新闻发布会；2009年省发改委对柳氏民居二期开发项目立项批复。截至目前，公司对古民居已投入6000多万元，严格按照保护规划及修复方案，对古民居进行了抢救性修复及配套工程，主要完成了以下项目：

① 对古村的关帝庙、魁星阁、文昌阁、石牌坊、石护坡、古窑洞、永庆门进行了修复；

② 对古村中的司马第、中宪第、河东世泽、磐石常安、堂构攸昭、行邀天宠等六座院落进行了全面维修；

③ 新建了柳氏宗祠、游客接待中心、文化广场、农家乐宾馆、生态停车场等；

④ 修建石桥5座，星级厕所3座，环保及旱厕4座；

⑤ 整修古村道路、河道护坡、护坝；

⑥ 对古村周边进行了环境治理和植树绿化；

⑦ 建设完善了古村的消防及安防设施、环卫设施、接待设施。

规划先行是孙聚财开展柳氏民居修复的基本理念，正是坚定地贯彻这一理念，才使得我们今天看到的柳氏民居基本保持了明清时期原貌。维修后的柳氏民居，环境整洁，游走于院落间，能真实体验到柳氏遗族的文脉家训与宗族的承启。

柳氏民居的古建修复是成功的，为此，2003年10月，山西省建设厅授予柳氏民居景区"省级历史文化名村"荣誉称号；2004年11月，柳氏民居被国家建设部、国家文物局评为"中国历史文化名村"；2006年6月，柳氏民居被国务院评定为"第六批全国重点文物保护单位"；2007年8月，柳氏民居被联合国教科文卫亚太区授予文物保护奖。

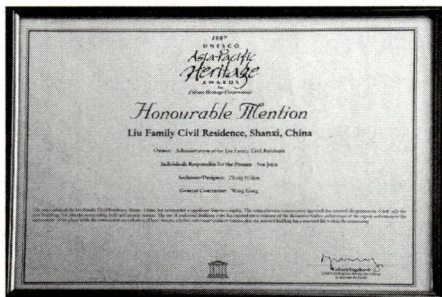

图2-21　联合国教科文卫亚太区授予"文物保护"奖

（3）宗族文化的物态展示

村落选址　柳氏民居坐落在西文兴村东，依山傍水而建，占地面积30余亩。它依托北山之起势"凤凰单展翅"，座落后湾为"二龙戏珠"，左靠东山名"三台左抱"，右倚西岭为"九岗右环"，面壁历山近帝家，近傍洞水绕府行。四周青山绿野，林木森森，杂花吐芳，清新秀丽。显示出柳氏先人村落选址时的风水讲究。

内中外秩序井然　柳氏民居建筑共分三部分。村东端为外府区，包括柳氏祠堂、虞帝庙、文庙、纸帛楼、天子殿、圣庙、柴房和左、右过亭等。外府依据高墙建筑和过亭作防御。中间区为内外府相接处，主要是文昌阁、校场、府外门楼和两个高大壮观的石牌坊构成的内街。村北端为内府区，内府区为全封闭式，只留有西南角的府门楼和东北角的砖拱门可进出，其四角有小戏台、观河亭、赏景亭、府门楼等，它包括府内环形小街、小戏台、司马第、中宪第、武德第、承德第、因秀楼、地道口、赏景亭、观河亭、后花园、府门楼等。内府设有铁丝网、警铃、地道、防火墙等防护设施，至今犹存。内府的八个府匾"行邀天宠""承德第""武德第""司马第""中宪第""河东世泽""青云接武""中宪大夫"，古痕斑斑，至今犹存。"中宪第"为中宪大夫柳春芳之府第。柳春芳，字子通，沁水禀膳生，清嘉庆十年（1810），治诗中庚午科进士，受皇封为"中宪大夫"。柳氏民居的门楼很有特点，那就是高大，最高的门楼是那座司马第门楼，建于明，复修于清，为一进两院。柳氏柳学周玄孙柳琳中状元之后奉旨更新门庭，故清嘉庆六年（1801）扩修门楼，皇赐金匾于楼阁。该门头为九层斗拱，故称为门翕，门翕显示家族的地位。这在中华古建门头中堪称一绝，下为"门当户对""大师（狮）少保""神狮镇宅""门丁兴旺"等12种文化寓意，具有典型的文化氛围。西文兴村有一座柳氏宗祠，祠堂前面新建了柳宗元的塑像。而离它不远的文昌阁，则是保佑村中子子孙孙文运的。

中宪第是一座十分规整的四大八小式四合院，院内均有二层阁楼，四面相通。正房为四梁八柱，四门八窗，中间有厅房相连。我们现在看到正房实际是厅房，正房就是"堂构攸昭"的正房。游客在这座院子里可以看到，正房比厢房高，厢房又比倒座高，房子的排列森严有序，所以，这种古老的四合院建筑，不是用砖瓦垒起来的，而是用伦理道德、宗法观念、等级礼制、堪舆风水和艺术美学融会贯通而成。它不仅仅是一种建筑，更是一部砖石写成的史书，是中华传统文化的载体，是真正的中国国粹。

家训礼教的物态展示　四伦箴语碑，这是明代书法家方元焕的书法碑刻，内容是"四伦箴语"。明嘉靖五年（1526），世宗皇帝撰敬一箴，并颁行天下，以示学人，学人就是学生的意思。柳氏族人认为这是很有教育意义的一件事儿，当然也许是为了表示对皇帝的拥护，他们专门把方元焕请来，写下了这个"四伦箴语"，并刻在碑上，立于墙后，以示柳氏后

人。此外，柳氏民居内府其他门
匾无不有感化后人的警言警句，
如恪守先业等。柳氏民居保存至
今的碑刻上也有"戒赌十条"，
游人游览至此便可身心受教。

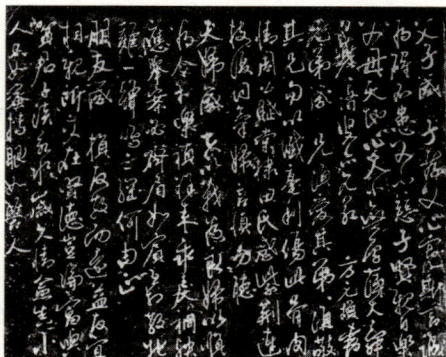

图2-22　四伦箴语碑

成贤牌坊的教化狮是物态
展示柳家家训礼教的典型代表。
柳氏民居的雕刻艺术十分引人
入胜，文昌阁成贤牌坊的8只石
狮子不仅雕刻工艺精湛，栩栩如生，而且寓意深刻，体现了柳氏的家规
家训。据专家考证，全国共有12只教化狮，但长期以来只有记载没有实
物，柳氏民居的8只教化石狮竟然保存得如此完好，的确是弥足珍贵的。
这8只雕刻精美、形态不同的石狮暗示了从求学到入仕做官的不同人生
阶段。"丹桂传芳"牌坊下的第一尊石狮叫"满腹经纶狮"，它嘴上拴
着绳索，尾巴向上翘着，表现文人傲慢清高、口无遮拦、爱发表意见。
用绳索拴住狮嘴，告诫柳氏族人，话到嘴边留半句，明白祸从口出的道
理。第二尊石狮叫"克己复礼狮"，狮子的尾巴藏在了两腿之间，表现
文人不再傲慢，懂得夹着尾巴做人。第三尊石狮叫"安分守己狮"。狮
脚下有两个小狮子，肚子下面有一个大圆球，意为安安分分过日子，坚
守规矩。第四尊石狮脚下踩着一个探出头来的小狮，肚子里还有一个低
着头的小狮，意为"出人头地"。"青云接武"牌坊下的第一尊石狮叫

图2-23　出人头地狮　　　图2-24　克己复礼狮　　　图2-25　满腹经纶狮

"金榜题名狮"，狮胸前戴了一朵花，表示已经高中进士。第二尊石狮叫"泰山相助狮"，狮身紧靠石柱，提醒柳氏后人，高中进士后要投靠到权贵的门下，便于日后发展。第四尊石狮叫"宦海沉浮狮"，狮脖上的一圈毛，酷似内方外圆的古钱，意为挂着钱串子在宦海里寻求生存。告诫柳氏后人，官场沉浮变化莫测。第四尊石狮的前腿直直站立，身子向上仰起，狮身下卧着一个凤头、鹿尾、狮身的小狮子，意为"功成名就"。这几只狮子寓含的意义，值得今人深思。柳氏祖先将他们对于后人的教导留在了街巷的石牌坊上，留下了精美的石雕，也留给了后人享之不尽的生活哲理。朴实无华的石头在精巧匠人的雕琢下获得了新生，站在古宅的阳光下我们抚摸着这些历经日月的狮子，看到了匠人的用心，他们将自己的思想刻在了石头上，也留在了岁月里。柳氏民居的雕刻主要有石雕、木雕和砖雕，雕纹有动物、植物、人物、器物、文字等图案，图案各不相同，但都含有吉利寓意，从中我们便可以窥见先辈对生活目标期待的多元远远超出了现代人拜金功利的单一。柳氏民居的建筑也独具匠心，它以中华宗教制度建筑为总布局，融明清建筑艺术精华为一体，集南北建筑风格为一身，巧妙借用皇宫建筑工艺手法与历代名人格言书法为装饰，真实地记载了河东百世书香文人由明代的"官面商"到清代的"商面官"的社会发展史。葛水平在《河水带走两岸》一书中曾经记录过日本建筑学家黑川纪章说过的一段话："建筑是一本历史书，我们在城市中漫步，阅读他的历史。把古代建筑遗留下来才能便于阅读这个城市，如果把古建筑都拆光了，那我们就更读不懂了，就觉得没有读头，这座城市就索然无味了。"这样的话语对于景区，对于乡村，对于整个中国大地都是如此。只有保护好先人的建筑，我们以后的生活才不至于失去了味道，失去了方向。

（4）宗族文化的活态展示

十多年来，柳氏民居旅游公司与西文兴村人在进行文物保护和旅游开发的同时，始终把继承和发扬"柳宗元文化"作为景区发展的重点，做了很多文化宣传工作。

举办四届柳宗元文化节 2004年2月，公司邀请全国人大常委会副委员长布赫、全国政协副主席任建新、国家建设部和国家旅游局等相关领导及30多家新闻媒体，在北京大学国际会议厅举办"柳宗元文化节"新闻发布会。同年9月，在柳氏民居广场举办了首届"山西柳宗元文化节暨华夏柳氏恳亲大会"，来自世界各地的专家、学者、柳氏后裔千余人参加了此次盛会，规模宏大、影响深远。这是柳氏民居首次成功亮相。同年，柳氏民居被建设部、国家文物局评为"中国历史文化名村"。

2009年9月，公司举办了第二届柳氏民居文化旅游节暨4A级景区揭牌仪式，来自各地的柳学专家、学者、柳学爱好者、游客共计8000人参加了此次盛会。这次活动提升了柳氏民居的旅游知名度，柳氏民居与柳宗元文化被广泛传播。

图2-26 2004年柳宗元文化节

2011年8月，公司举办了第三届柳氏民居文化旅游节暨翰墨飘香书画峰会，晋秦豫三省20余名书画名家齐聚柳氏民居，现场挥毫，以柳宗元文化为主题，为景区及游客献上墨宝，活动为期两天，共有15000余人参加了此次文化节，柳宗元文化得到了进一步的传承与发扬。

图2-27 2009年柳宗元文化节

图2-28 2011年柳宗元文化节

2013年6月，受中国柳宗元研究会和晋城市委宣传部委托，公司举办了第六届柳宗元国际学术研讨会，来自韩国、日本、新加波以及中国台湾、香港、内地40余所著名高校的柳学界专家、学者齐聚一堂，共襄盛举，以"柳宗元文化与柳氏民居"为主题，开展了为期5天的学术研讨。此次会议上，中国柳宗元研究学会会长尚永亮表示，全国各地柳学赖以研究的载体，目前仅限于柳宗元诗词、祖茔、官邸、庙宇、祠堂、楼台、公园等，像柳氏民居如此规模浩大的柳氏家族生活场所实为国内罕见，为杰出诗人、政治家、哲学家、儒学家柳宗元赋予了可触可感的"烟火气"，既填补了中国柳宗元研究的空白与缺憾，又为国际学术界传承柳宗元文化，提供了真实可靠的实证。柳氏民居及柳宗元文化的不断发展，一举将柳学文化研究从"三驾马车"变为了"四轮驱动"，标志着柳宗元文化、唐代文化以及中国古代文化的研究与发展迈入了崭新的高度，也为地方文化产业的发展提供了十分宝贵的基础资料。

建立了柳宗元文化研究机构　2004年11月，柳氏民居接受中国柳宗元研究会邀请，赴柳州参加"第三届柳宗元国际学术研讨会"。与会的专家、学者共同就柳氏民居与柳宗元文化进行了详细的论证研究，最终肯定了柳氏民居是"柳宗元遗族世居地"这一论点，并把柳氏民居与湖南永州、广西柳州、山西永济并列称为国际柳学界研究的"四大胜地"。

2009年9月，柳氏民居设立"柳宗元文化研究基地"。中国柳宗元研究会及山西省社科院有关专家出席挂牌仪式。

2012年12月，柳氏民居旅游开发公司在晋城市成立了柳宗元文化研究会，成功搭建了晋城与永州、柳州、永济等地的文化交流平台，标志着柳氏民居及柳宗元文化研究迈出了重要一步。

研发柳宗元文化产品　在柳氏民居这个古老而神秘的村庄内，每座古院都有完整的木雕与石雕装饰，都有书画工艺，名人碑文，乃至皇赐金匾。从门楣、斗拱、梁楣、石础到石狮，一砖一瓦，一木一梁，处处彰显出这座千年古村深厚的文化内涵。为了更好地挖掘景区文化内涵，展现柳氏民居独特的文化魅力，公司专门聘请旅游工艺品技师，以景区精美的三雕工艺构件、名人书画碑刻等为基础，设计研发了10大类20余种旅游工艺品，产品一经推出，颇受游客青睐。其中《四箴名言》四条屏，曾代表晋城市参加山西省旅游纪念品展览，并荣获"晋善晋美·山西旅游纪念品"称号。

图2-29　《四箴名言》旅游商品

打造柳宗元文学、影视作品、实景演绎　作为唐宋八大家的代表人物，柳宗元的一生起伏跌宕，"永贞革新"的失败，令他一夜之间从平步青云的政治新星，变为失魂落魄的戴罪之臣，开始永州长达10年的谪居生涯。凭借一颗忧国忧民之心，柳宗元在任期间，解放奴婢，兴办教育，开荒掘井，种柑植柳，深得百姓爱戴。然而死后，其家人却因身无分文而无能力将其遗体运回家乡安葬，其行其德堪称"廉吏楷模"。

为积极响应党中央国务院党风廉政建设和反腐败工作的号召，进一步提升景区文化品位，景区邀请国内著名的作家及编导以"柳宗元"为基础，结合柳氏民居千百年的世事变迁，设计创作了《清官廉吏——柳宗元》（影视作品）、《大唐文兴——柳氏民居》（实景演艺），并编辑出版了《柳宗元与柳氏民居》《柳氏民居》等书籍刊物。通过媒体宣传了柳宗元文化，成功地将柳氏民居与柳宗元文化塑造成为晋城重要的文化名片，对本地文化产业发展起到积极的带动作用。

柳氏家族人生礼俗也是景区结合柳氏宗族的传统习俗，将其仪式化的文化产品之一。它起源于沁水县西文兴村这个具有上千年历史的古村落，柳氏族人自唐代末年迁移到此定居后，世代沿袭出一套河东柳氏独特的人生礼俗。这套礼俗涉及了生活的方方面面，包括祭祖、生人、行冠、婚丧、嫁娶等等。无论是哪一种礼俗，都有一整套程序和仪式。对所有参与者的言谈举止、衣冠装束、献食祭品、敬告时日等，都有严格的要求和规范。对于不同礼俗的礼节，都有铭文定律，并各有章有节。这套礼俗不仅使柳氏家族受益匪浅，而且在周边四乡五邻的家族中广为效仿，营造了良好的风序良俗氛围。

以祭祖为列，柳氏族人的祭祖，和一般家族的祭祖方式大致相同，但有其严格的规定。每年清明是最隆重的，清明的前三天直到清明这一天，三天之内全族不能吃荤，只能吃素，这三天每天的第一顿饭的第一碗，必须献祠堂，这三天有不同的礼数，并且进祠堂必须按辈分且衣着整洁齐整地进入，所祭献的东西也有着严格的规定。2004年，柳氏族人在西文兴村举行了一次盛大的祭祖活动。来自五湖四海的柳氏后人们聚集在柳氏民居，用庄严、周密的仪式，向他们的列祖列宗们三跪九叩，表达念根怀祖之心，显示了这个名门望族有别于普通百姓家庭的独特的人生礼俗。

无独有偶，在遥远的法国卢瓦尔河谷也有一座与文豪有关的古堡，只不过，在这里生活过的许多文人并不是一个家族的，他们有：七星诗社的著名代表爱情诗人龙萨（Ronsard）与杜贝雷（DuBellay）是在此土生土长的；达·芬奇在昂布瓦斯（Amboise）度过了他一生中最后的岁月；这里还诞生了现代小说之父拉伯雷；还有女作家乔治·桑、普鲁斯特、巴尔扎克、笛卡尔等，巴尔扎克的《人间喜剧》便在这里写成。但卢瓦尔河谷的开发显然充分挖掘了这里所有的文化因子，满足了游客来此瞻仰与探奇的心理，为游客倾心打造了一场文学之旅。卢瓦尔河谷最具有法兰西花园特色的是日落景色，游客可以在某个初夏的黄昏，坐在某个可以

图2-30　柳氏家族人生礼俗被公布为"国家级非物质文化遗产"

俯瞰卢瓦尔景色的阳台上，看对面神秘幽静的古堡和远处的葡萄园被落日余晖染成莫名的斑斓，完全是一幅印象派大师莫奈的作品。一颗细小的石子便让水中城堡的倒影随着水波一圈一圈荡漾开去。空气中是河谷花草的淡淡幽香，而你的手中正端着一杯卢瓦尔河谷出产的白葡萄酒。

这样一种纯粹法国的悠闲风情，只有卢瓦尔河谷可以找到。

柳氏民居则通过举办各种文化活动，如举办庙会、庆祝传统节日等，来表现一个宗族的情感、愿望和憧憬，与法国人的浪漫相比，我们更注重的是一个民族的精神图腾。舜王传统祭祀文化和柳氏家族人生礼俗等传统节日文化是以文化活动和文化氛围为表象，以道德伦理、精神气质和审美情趣为深厚底蕴，以特定的时间和地域为时空布局，以特定主题为活动内容的一种社会文化现象。这样的传统节日不仅能体现沁河流域的文化特质与艺术风貌，更能激扬一个地域的精神，激活后人的记忆。每个节日都自有其历史渊源与美妙传说，还具有独特的情趣、价值取向和深厚的群众基础。反映沁河流域的经济状况、生活习惯，反映了各个古村落的传统习惯、精神风貌，还包括他们的道德风尚、宗教观念和礼仪等，都共同构成了三晋大地深厚的文化底蕴，也承载着文化渊源的基因，是一份宝贵的精神文化遗产。同时，古村落的节日活动也是一个复杂的文化结构，是一种综合性社会现象，具有周期性、纪念性、群众性及地域性等诸多特点。既能积淀和弘扬古村落的文化，增强沁河古村落居民的凝聚力，也能满足大家的物质和精神需求，促进地方经济发展，节日中的仪式礼仪也正是沁河记忆的积淀与传承的重要方式。

3. 环境是最美的吸引物——尉迟村

2014年5月服务网站Trip Advisor挑选了全球37个主要旅游城市，请超过5400名受调查者给自己曾经前往的旅游城市打分。最终东京凭借"当地居民乐于助人"等文化环境指标和"街道整洁"等自然环境指标获游客高度评价，荣获第一名。"景点"不再成为主要的吸引物，旅游地人文、自然环境的优化对游客的吸引力是最大的，这一点在晋城市沁水县尉迟村的旅游发展中，体现得最为明显。

（1）尉迟村的吸引物

尉迟村位于沁水县东南端，位于沁河河西，距晋城40公里，端润一

图2-31 尉迟新村

图2-32 村中南大街风貌

级公路，侯铁路线沿村边而过，交通便利。全村总面积1.5平方公里，现有235户，668口人，598亩耕地，2000年在全县率先跨入宽裕型小康村行列，2003年被山西省政府命名为省级历史文化名村。

尉迟村原名叫吕窑村，村名更改确实和尉迟敬德有关。在唐朝初年，名将尉迟恭为李世民所用后，忠心耿耿，于水火之中多次搭救当时是秦王的李世民，并在玄武门之变中立下了汗马功劳，最终帮助李世民登基称帝，因此唐太宗将这位悍将封为右武侯大将军，赐爵吴国公。尉迟敬德为人正直，老百姓至今仍有在房门上张贴他的年画以吓退牛鬼蛇神，他的一身正气可见一斑。

当时他执法严明，因为民除害，怒杀了一个鱼肉乡里的贪官，不得不逃出京城。此次逃亡最后的落脚点在当时并未改名为尉迟村的吕窑村。驻留期间，尉迟一行人与村民相处融洽，吴国公还把他用柳条编簸箕的手艺教授给村民们，这便是"尉迟簸箕"的由来，吕窑村也一度被称为"簸箕村"。唐太宗得知尉迟杀官逃匿的事情后，不但没有怪罪他，反而千方百计地派人多方寻找，最终在吕窑村寻到了他的踪迹，并希望他能重返朝堂继续为朝廷效力，但此时的尉迟敬德已不愿复出，皇帝只好将他封为开国公，降旨准许他还乡颐养天年。尉迟与吕窑村的村民依依惜别后返回老家朔县。为了纪念这位开国公，吕窑村的村民将村名改为尉迟村，并沿用到现在，村里至今仍留有尉迟庙和来翠阁这两座与尉迟敬德相关的古代建筑。

上天确实厚待尉迟村，这片土地不只留下了吴国公的身影，而且还孕育了享誉中外的人民作家赵树理。赵树理一生以描写农民群众的生活变迁为主，文学体裁新颖独创，写实的手法创造了以他为代表的"山药蛋派"，对现代文学产生了深远的影响。后人为了纪念他，为他重修了墓园并修葺了旧居。

赵树理故居，与村中大多已经改建成的二层小楼大不相同，故居的房屋是清代建筑，院子门前立着两块写有赵树理故居的石碑。这里是传统的北方农村四合院布局，不同的是二层阁楼的楼梯不是建在室内，而是搭建在窗外的石台上，这在传统两层四合院的布局中并不多见。举目上看，阁楼一圈是一米高的木围栏，镂空雕刻，蕴含着江南亭台楼阁的隽永和典雅。院子当中长着一棵参天大树，枝繁叶茂，树干直直伸向蓝天，显得突兀挺拔。

游客步入其中，也许是带着对赵树理所创作作品的崇拜之情，站在院中，时间立即拉回到了从前，故居中的管理人员跟游客讲述着故居里的故事。赵树理就是在这个院子里出生，并在这里度过了童年、少年和青年时光。西屋是赵树理的出生地及住所，他的两次婚姻仪式也是在西屋的楼上完成。赵树理的父母曾经在院子里的上房，也就是楼下三间北房内居住，现在那里用来存放一些赵树理生前的书籍、柳制箱、皮箱和生活用品等珍贵遗物。管理人员还向我们展示了专门为纪念赵树理制作的留言册，翻开

图2-33　赵树理故居

图2-34　村内风光

图2-35 赵树理文化厅

册子，满载着买自五湖四海的人们对赵树理的赞扬、怀念，表达了人们对这位人民作家的崇高敬意。

为了纪念赵树理先生所修建的墓园是尉迟村的第三个吸引物了。在这树木葱郁的牛头山巅中坐落着赵树理的陵园，陵园的楼梯前用石质书的样式陈列了他所创作的文学作品，陵园内安放了赵树理的全身坐像，面色温和，目光柔善地注视着自己的家乡。每到清明，来自全国各地的学生、教师、文学爱好者、赵树理文化的追随者都会来墓地缅怀这位人民作家。

赵树理先生一生都热爱、惦念着自己的家乡，多次回乡和乡亲们讨论尉迟村。并用自己的稿费修建了西山水库，还与村民们一同在村南河湾垫滩造地。如今，村北的提水站已能提水上山，山上的果园也已果树成林。他不仅为尉迟村留下了丰富的物质财富，也留下宝贵的文化财富。

（2）尉迟村的自然环境改造

尉迟村地处沁河流域腹地，是太行、王屋两座大山的结合地带，历史上曾留下"支分太行之秀气，联王屋之奇，龟蛇呈形，金水结群，群山环拱，众壑潆洄，地险处于天成，胜盖收其精气"的描述。北靠磨盘山，西依牛岭之巅，东临河流谷地，整体地势西北高、东南低。因此不难想象，尉迟村自古就气候温和、土地肥沃，在历史的长河中，成为南来北往的商

图2-36　村东沁河

贾要道，成为蕴藏丰富煤炭资源的赋存之地也是情理之中的事。

　　时光荏苒，尉迟村村民没有辜负这一方天造地设的优美环境，从古至今村民都在默默地守护着这里优美的环境。近几年，随着慕名而来的游客逐渐增多，村委加大了对环境改造的投资。

　　2011年，尉迟村委投资200万元对村容村貌进行了综合整治，对南大街进行了园林景观建设，村内人居环境大大改善；投资50万元对赵树理故居、墓地进行了修缮，规划修建了赵树理文化展厅；投资30万元修建水轮泵，解决村民园地灌溉难的问题；投资200万元建设面积200亩的苗圃基地；投资300万元进行灵泉湖景区建设。

　　2012年，为了改善区域内的生态环境，村委投资100万元种植树木2万余株，对河滩荒地进行了绿化。为了保证改造好的环境可以得到很好的维持，村委成立了专门的保洁队伍，全村配备垃圾收集箱60只，垃圾清运车辆1辆，安排专人负责每天的垃圾集中清理和平时的保洁工作，制定了村庄环境长效管理制度。以下是尉迟村委提供的《尉迟村环卫工作运行情况报告》，其中有许多值得其他古村借鉴的经验。

尉迟村环卫工作运行情况

　　一、环卫队概况

　　尉迟村环卫队组建于2012年，直接由村两委监督管理，设专职管理委员一名。环卫队有3辆垃圾专用车，33名清洁人员，3名宽林带、河道清洁人员。公厕清洁人员6名，绿化带管扩人员2名，主要负责尉迟辖区内8条道路6300平方米巷道，6座公厕1300平方米，绿化带138亩宽林带10个垃圾点的清扫、清运、管护工作。

二、环卫队运行情况

1.清洁工作。清洁人员每周三、日两次，对所有路段的路面进行清扫，绿化段宽林带的杂物进行清洁，墙上、电杆上小广告及时清理。公厕清洁人员每天定时对公厕检查清理，保持公厕内外无脏物垃圾，定时撒药，定时清扫和清掏粪便。

2.清运工作。清运人员每天早上9点之前对村辖区内所有的生活垃圾清运到指定地点，保证不留积存垃圾。若当天未清运完毕，必须加班清运。

3.勤于检查监督。为确保环卫工作广泛持久地开展，在上级检查的基础上，尉迟村成立专门的监督组，始终坚持每天有巡查，每月有汇总的督查机制，对村内环境进行监督检查，勇于碰硬，对工作不力的环卫人员进行严肃处理，以全心投入带动广大环卫人员的共同参与，不断完善农村环卫工作，确保环卫队的运行情况正常有序。

三、制定严格的惩罚制度

为了鼓励环卫队人员认真做好本职工作，杜绝一切不良行为，尉迟村制定了严格的环卫工作人员惩罚制度。比如：对无故旷工，不按时上下班，清扫清运不彻底等，有相应的处罚规定及处罚金额；对多次检查中未按规定清扫并造成不良影响的人员，责令其解除合同；对日常工作中表现积极、责任意识强、爱岗敬业、任务完成好的人员给予表扬。

2013年，村委投资300余万元对南大街进行园林景观改造，花卉苗木交相辉映，小桥流水意趣盎然，错落的亭台、雅致的石桌石凳让村民心情舒畅，流连忘返。通过教育村民依法办事，使爱护自然、保护环境成为全村群众的自觉行为。在大家共同守护下，尉迟村的自然环境始终如一地清朗，村内无滥垦、滥伐、滥挖现象。

（3）营造良好的人文环境

尉迟村村落沿沁河河岸，南北为道，东西为街，为典型的井字形布局，一说是U型布局。U型两侧分别为尉迟门和树理门，中间为来翠阁，整个村落格局体现了尉迟村接纳包容的风水格局。据说，尉迟村也曾出现邻里不和的情况，那是因为尉迟庙各殿供奉神灵顺序出了差错。尉迟庙藏在尉迟村的深处，现存的庙宇是嘉庆年间的重修之作（有碑刻为证）。游客步入尉迟庙后，看到钟楼、鼓楼分立东西两侧，玉皇殿则是居于其中的正殿。正殿原本有清代两百余平方米的精美壁画，可惜已被损毁，现

图2-37　尉迟村苗木基地一　　　　　图2-38　尉迟村苗木基地二

在只留有南面戏台的数余幅画。吴公殿和岳飞殿分别是两座偏殿。关于这庙殿的安排布置，其中还有些趣谈。尉迟庙的正殿原本的确是供奉尉迟恭的塑像，但也许是受尉迟身为武将，因此好武习气颇重的影响，邻里乡亲之间不时发生口角争斗。于是无奈之下，村中的主事人只能将吴国公的塑像移至偏殿，将正殿改为玉皇殿。说来也怪，至此村中的矛盾摩擦也逐渐缓解，直至邻睦民和。趣谈终究不能视为真理，但村中常年致力于丰富村民的文化活动，使得村民有了更多的沟通和交流机会，村民关系自然和睦得很。

早在2004年开始，村委先后组建了篮球队、门球队、老年秧歌队、青

图2-39　村民旱船表演

图2-40　《小二黑结婚》剧照

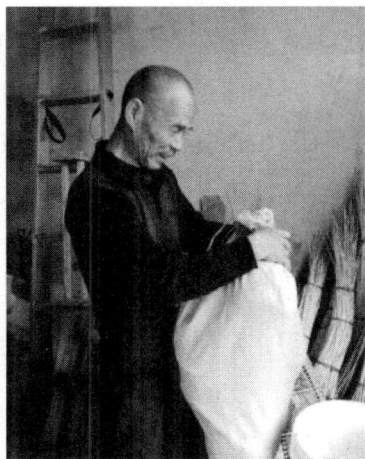

图2-41　柳编传承人

年舞蹈队、八音会队等多支队伍，把活跃在农村的文艺爱好者组织起来，开展各项文化活动。文艺队伍活跃，多次在村内开展了三八文艺晚会、百姓文化大舞台等文艺汇演，既满足了老百姓的娱乐需求，又丰富了基层群众的文化生活。

村民自编自演的歌剧《瞧闺女》、舞蹈《小二黑结婚》、快板《李有才板话》等节目多次外出演出，受到了各级领导和广大人民群众的喜爱，形成了独特的赵树理故乡特色文化产品。

2012年，村委投资100万元修建了农民健身广场、篮球场、门球场，为村民健身娱乐提供了好去处；投资400余万元硬化了村内大街小巷，硬化率达100%，且入户硬化率也达到100%；村内主要道路和公共活动中心都安置了杆式路灯，路灯安装率100%；给水系统、管网布置规范合理，符合国家饮用水卫生标准，排水系统、沟渠及管道设施完善；投资100余万元修建了农民文化活动中心，棋牌室、图书室、远程教育播放室、台球室等一应俱全。

十多年来，在沁河沿岸的尉迟村，清明节为赵树理扫墓已成为润城、端氏中学生的重要一课。人们铭记他带给村中后代的激励力量。每一次的缅怀是家乡人对文化的敬重，也是对文化的传承。

尉迟村深厚的历史文化资源，加之为文化传承所做的各项努力，也为其赢得了一项项殊荣。2003年尉迟村被省政府命名为省级历史文化名村；2005年晋城市精神文明建设指导委员会将其设为未成年人思想道德建设基地；2006年中共沁水县委、沁水县人民政府将其命名为沁水县爱国主义教育基地；2009年中共山西省委员会、山西省人民政府将其命名为山西省爱国主义教育示范基地；并在2014年或晋城市最美乡村的称号。基地的建设和荣誉的获得，是社会对于尉迟村文化传承的认可，也为其未来人文环境的发展奠定了坚实的基础。

（4）名人故里的保护

这里是大唐功臣尉迟敬德逃亡后的落脚点，也是人民作家赵树理的故乡。这一风水宝地孕育出了两位杰出的历史文化名人，深厚的历史文化感染着、影响着一代代人。那么，怎样保护、如何开发才能既不与传统相悖，又能使名人故里长久留存呢？

名人故居的保护与旅游开发通常会走入许多误区。首先，会长期把开发的重点放在对名人故居的展示和对如文学作品类的无形文化遗产上，而同样具有历史意义与价值的名人故居所在村落却并未得到有效的保护。其次，消极保护与社区的矛盾突出。为了保护名人故居，不允许村民对破旧的古建筑、院落进行翻修自建，不允许改变传统建筑型态，这与村民们迫切需要改善居住、生活条件产生了矛盾。再次，由于配套措施的不完整，导致旅游者的消费结构单一、造成短途型观光旅游，因此对村庄的经济拉动并未产生有效与完全的发挥。由于利益分配机制的不合理，也会加剧相关机构与村民之间的矛盾与摩擦。

对名人故居所在的古村落应该如何保护与传承呢？首先，要以整体保护为原则。不仅仅重视对名人故居的保护，也要加强对古村镇风貌的延续，才能使名人故居与周围环境的融合与统一。其次，要以修旧如旧为原则。对名人故居及传统民居进行维修与保养时，不应改变建筑原有形态。最后，要以尊重存在为原则。村落里不同时代的建筑都是古村落变化发展的证明，因此不应墨守成规，将所有建筑风貌都统一还原成一个历史时段的外貌。

以蒲松龄故居为例。蒲松龄的故里蒲家庄，位于山东省淄博市的洪山镇，村庄的历史可以追溯到600年前，因此拥有悠久的历史和深厚的文化底蕴，蒲家庄由于蒲氏家族居住于此而得名。但使蒲家庄真正广为人知的，是因为写出《聊斋志异》的蒲松龄。蒲松龄的童年与他的创作时间，包括最后的老年时间，都在此度过。在蒲松龄后，蒲氏家族世代居住在蒲家庄，并且规模不断扩大。

如今的蒲家庄基本分为两个部分，一部分是原围墙内的古村落，另一部分则是随着村庄不断发展，以古村为中心向周边不断扩展而成的新村，新村主要集中在古村的北侧。

古村落的中心位置有以蒲松龄故居为基础建设的蒲松龄纪念馆。自蒲松龄逝世后，他的故居（即"聊斋"）一直由他的后人居住。1953年，山东省文化局派专家学者对聊斋故址进行考察，1954年拨款修复了蒲松龄故居。1958年，淄博市文化局成立"蒲松龄故居管理委员会"，并将聊斋正式开辟为展室，陆续征集蒲松龄相关文物。1977年，山东省将蒲松龄故居列为省级重点文物保护单位。

　　古村落城墙外被新村环绕，其中东门外为新开的旅游景区——聊斋园。蒲家庄的传统经济来源是种地和产煤，1989年，村中利用煤井、五金制品厂积累的资金进行旅游开发，逐步建设了以蒲松龄《聊斋故事》为主线建成的融人文景观和园林艺术为一体的大型旅游景区。包括蒲松龄艺术馆、聊斋宫、狐仙园等30多个景点，既有古色古香的仿明清建筑，又有江南水乡的现代园林，现为4A级旅游景区。

　　如今，蒲松龄故居、聊斋城景区开发已形成一定的规模，并成为淄博市支柱性的旅游产品。近些年，又开发了许多聊斋系列的节庆活动，每年的五一举行"中国淄博国际聊斋文化旅游节"，十一黄金周举办"中国淄博聊斋文化艺术品博览会""聊斋俚曲大奖赛""聊斋民间故事演讲大赛"，还有"淄博百万农民聊斋游"等大型活动。通过几年的运行，逐步形成了"一个名城、两大基地、三大市场、四大景观、五条环线、六大乐园"的旅游格局。

　　尉迟村的旅游发展可以借鉴淄博蒲家庄的旅游发展模式。既要积极努力守护传统修复遗留建筑，使文化的传承以立体的方式展现；同时又要加强村镇风貌的建设，加大基础设施投入，为旅游开发提供良好的基础环境。

　　目前，尉迟村在旅游发展中积极修复名人故居及遗留建筑，已累计投资800余万元，先后建成了尉迟门、树理门、敬德庙、树理小学、来翠阁，同时进一步修缮管理树理故居，建成了占地50亩的树理陵园，赵树理文化旅游村的总体构架已初步形成。同时，村集体积极加强环境改善和基础设施建设，包括村内大街小巷的硬化工作；村内主要道路和公共活动中心杆式路灯的安置；给水系统、管网布置、排水系统等基础设施建设等。未来尉迟旅游的发展需要从另外两个方面拓展：一是加强餐饮、住宿旅游配套设施建设，保证游客基本需求得以满足；二是发展与尉迟敬德和赵树理相关的文化活动，包括民俗节庆活动、文学作品鉴赏等。

　　如今的尉迟村，自然环境宜人，文化氛围浓厚，人民生活幸福。在秀美山水的滋养下，在历史文化的熏陶下，在尉迟人民的共同努力下，尉迟村旅游发展节节攀升，双休日及法定假日游客数量不断增多，未来旅游发展前途明朗。

4. 幸福河谷

这是一个村落抱团进行旅游开发的故事，但故事不止一个。故事的主人公们长期坚守在地方古建的维护、建设中，坚持着将地方文化遗产展示给世人的梦想，锲而不舍，卓尔不群，家乡正在他们的努力中改变着……这些散落在沁河流域河谷中的无数个村庄，正在他们的努力中被唤醒！

窦庄、郭壁就是这个河谷中最为古老的那抹灰色，洗净尘埃，与历史对话，为今人服务。

（1）豆庄—窦庄—窦张

琢磨地名是一个非常有趣的事情，游客出游，每到一地不可不琢磨这个地方的地名。地名里有历史，亦有文化。承载着一方厚重的历史、撷取

图2-42　窦庄边的沁河

着一地悠久的文化。我们常常可以寻着地名的演变追溯到它的过往。北京的王府井是国际知名的商业区，但它的名字却可以一眼看到过去王府的繁华与喧嚣；太原的迎泽大街究竟意味着迎接明成祖的恩泽而建，还是由于太原南门之外有一片沼泽，故将南门改为"迎泽门"说起。这些都无关紧要，要紧的是作为游者关注地名的态度。

游客一路驾车至沁水县嘉峰镇，距离窦庄就很近了。前往窦庄的路上，往来村落、城市之间的公交车上经常出现"豆庄—晋城""豆庄—阳城"等字样。是以讹传讹将"窦"写为"豆"，还是另有其村？细细一问，豆庄就是窦庄，它的发展离不开窦张两大家族的兴衰承启。据说窦庄之前叫做"窦张"。

同中国古代千千万万的村落一样，窦庄是由家族血脉聚集在一起而形成的，并用自己的家族姓氏命名这片土地。现居沁水河畔的窦氏家族，是五代时期的后汉重臣窦贞固因宦不返流，从陕西扶风迁至山西沁水的后人。现在我们已然无法想象一个在原有土地上生活上千年的家族，做了何种取舍才举家从渭水辗转到了沁水？从迁徙路线上看，当时的他们颠簸了上千里，在泽州端氏停下了他们的脚步。现今，可考的窦氏家族先人是北宋的窦勋。"沉静有气节"的窦勋为家族做了良好的榜样。他的孙女在宋神宗年间被选入宫，由于她尽心尽力地"躬事两朝"，使得"宫闱之间，上下辑睦"，因此被封为肃穆夫人，并且她的族人也被加官晋爵。一时间，窦氏家族"簪缨辉煌"，人前显耀。家族的兴盛，被窦氏族人归因于家族品德端正，这让他们更加注重言行修养。良好的家风门气，使得窦氏在明清时期，出现了数十人居官任职的情形。最让人惊异的是在清朝嘉庆年间，窦心传成为了窦家第一个进士，自他之后，他的儿子窦奉家以及孙子窦渥之也都相继考取了进士的功名，一时传为佳话。

在窦庄，除了窦氏家族之外，张氏家族也在窦庄兴盛的历程中写下了浓墨重彩的一笔。元代末年，由阳城县匠礼村搬移而来的张氏家族，是沁水县进士、举人最多的家族。在明清年间共出了7位进士、10位举人，此外，还有两位不让须眉的巾帼英雄。一说张家是窦家的守墓人，因窦家重视教育，惠及张家，之后张家才有进士及第的荣耀。不论如何，是窦张两家的共同演绎成就了今天窦庄的建筑、民风和文化。今人喜欢简化，也许是因为忙碌的事情太多，抑或是思考的时间太少，都懒得将"窦"字书写完全，而改为"豆"。殊不知这一改将窦庄的历史脉络连根斩断，更忽略了张氏家族对窦庄的贡献。想要探明历史脉络，那就要开启窦庄之旅。

（2）走进窦庄的肌理脉络

步入窦庄，游客就能领略到古人在村落布置上的才思敏捷。构成窦庄村基本骨架的是"堡中有堡，九门九关"的总体格局，时至今日，我们驻足在留存的遗迹前，依然能推想出当时严密的城防构造。与其他村落随着人口的增加村落范围逐渐增大的通常情况相比，窦庄的建设格局是先圈定村落的范围，而后才慢慢填充。窦庄主人建造时，非常重视风水，确定村落的范围时，先确定了八卦的点位，在点位上建宅，再以堡墙围合，之后在另外的四个方向设门。这正是窦庄建造思想的精华所在——"八卦四方一点穴"。

这些防御性建筑主要由堡墙、堡楼、瓮城以及藏兵洞环环相扣连接构成。与一般聚落的单独堡墙设计不同的是，窦庄采用民居的后墙即是堡墙的形式，这在当村子遭遇突发情况时，可利用民居内的暗道，由屋内直接登上堡墙，而由堡墙护围的四大堡楼，高五至七丈，上层提供了架炮、瞭望之所，中间则为兵室，藏兵室就暗藏于堡墙上、城门内，这样的设计不仅能增加防御人员的隐蔽性与安全性，也提供给他们休息、轮换的场所，一旦敌人攻入城门，就进入了瓮城——守军的进攻范围内，窦庄瓮城设计的高明之处还在于，在城口修建水闸，瓮城内外皆有水围。这样精密的防线格局，也是窦庄在流寇肆虐的年代未被攻陷的重要原因。而倘若突破防线，进入了村落内，则步入盘根错节的道路网中。从防御角度而言，巷道的布局有利于村内居民疏散的同时，对于初入村的人来说，迷失方向是在所难免的，也就成功迷惑了敌人。

窦庄如此这般的格局面貌，就是在明朝的张五典先生构思设计下完成的。张五典是明朝万历年间张氏家族在窦庄的首位进士，考取了功名后，他由此步入了仕途。张五典入朝为官后，官至太仆寺卿，曾在担任乡试分考官时挖掘了后来撰写《农政全书》的徐光启，他对数理颇有研究，在山东为官时，勘测并撰写了《泰山道里记》。明末天启年间，告老还乡的张五典已察觉到王朝的风雨飘摇，于是他未雨绸缪，开始斥资置地，规划营建城堡，可惜，开工三年，未及完工，张老先生就已去世，但城堡的轮廓与格局已定，后期修建城堡的担子落在了他儿媳妇霍氏的肩上。时值明末农民起义，时局动荡，经历了失亲之痛的霍夫人率领家中的老弱妇孺，在窦庄男儿们前线厮杀的同时，固守后方，打退了流寇数次围攻，成功保卫了窦庄不被攻陷。兵备道的王肇生曾上书颂扬这件事，窦庄因而获得了"夫人城"的美名。直到今天，人们依然能在门楣上看到"燕桂传芳"的牌匾。

（3）山环水绕护窦庄

除了张五典老先生修城建堡的巧思细致，以及窦庄人在霍夫人带领下团结一心之外，能御敌于外也仰赖窦庄所占据的有利地势。窦庄西南倚靠榼山山脉，东北临沁水河畔，使得窦庄不仅能拥有肥美的良田，也占据了

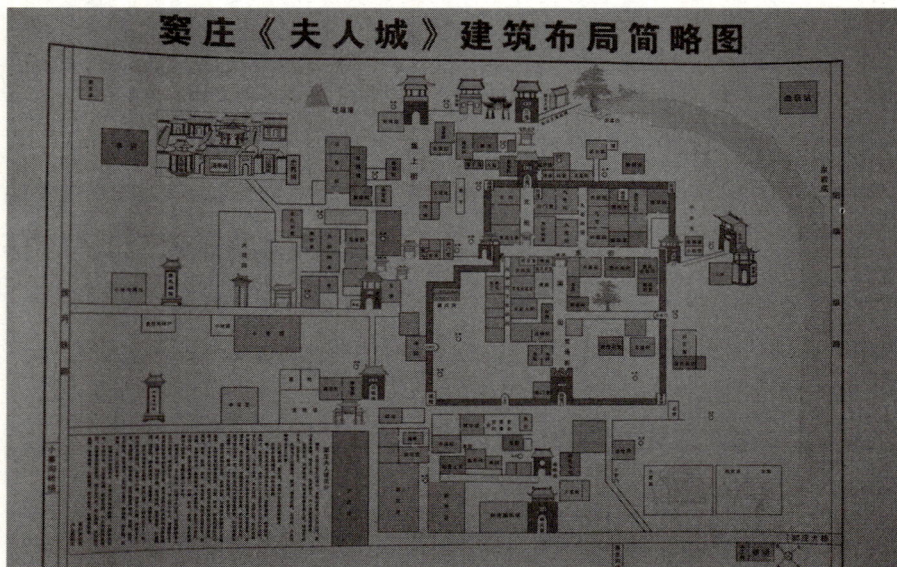

图2-43　《窦庄建筑布局简略图》

易守难攻的地势。正是有了这样的自然环境，才滋养了这样一座历史悠久的村庄。

"没有规矩，不成方圆"这样的说法同样适用于窦庄的道路布局，我们在村落中徜徉行走，也能渐渐把这儿的街巷摸出些门道来。规格最高的主要街道是能绰绰有余地容下两辆马车并辔而行，次一级的是能连接各个大院间的公共巷道，再次一级的则是恰好能使两到三人并排行走的宅内窄巷。井然有序的街道使得院落在村庄内的布局错落有致，以道路为线，院落为点，由这样的线与点所构成面的村庄，延展性强，横向纵向都可以扩张空间。

窦庄的传统民居则是颇具特色，这类各具独特、结构统一的院落，通常是三开间的两层建筑，硬山式的房顶、砖木的形制予人以简明坚固的视觉印象，木质的门和方格窗又让建筑多了分通透之感。其中，最有代表性的当属尚书府的宅院。尚书府分为上下两处所，分别为张五典与张铨父子二人的家宅。上宅是张五典老先生的旧所，主体为棋盘六院，此六院相互串联通达，并各有角门与之通联，可以此串联六院，是"串串院"的典范；下宅是张铨的故居，有南北两院构成，南楼街口矗立的门楼，是有四

图2-44　窦庄村民贾树渠绘制古城图

图2-45　马晓秋与贾树渠讨论古城图的绘制情况

根石柱作支撑，以装饰作用为主的花拱把明次两间房檐出挑的高大威严，门楼上书"天恩世锡"，下书"兵部尚书张五典张铨"，代表当时的张氏家族荣享皇恩，北院与南院斜对，门楼悬匾"世进士第"，提款为"祖孙父子兄弟叔侄联芳"，彰显了张氏家族书香门第的一脉相承。

（4）古村落基础资料整理及其他

2000年的窦庄不仅由于常年依靠农业只能谈个温饱，而且村里的群众关系也较为紧张。为了解决村里基层管理相对混乱、经济发展相对乏力的局面，那年嘉峰镇政府委派潘建国回村担任窦庄书记。没有项目就没有抓手，潘书记想到了熟悉当地历史文化的马晓秋，马晓秋老师当时还在陕西打工。本着对家乡的故土情结，马晓秋放弃了在外做企业的想法，与潘书记一起认真讨论窦庄的发展。

窦庄经济应该朝什么方向发展以及如何发展？两人彻夜讨论，反复论证，他们认为当人们物质需要得到满足时，精神需求便成为必然。随着国家经济发展，人民生活日益稳定之后，人们便产生思古、复古的旅游思想，而窦庄拥有大量的保存完整的古建筑，可以发展古村落旅游。同时，煤矿受到管理限制，审批较为困难；农村信息相对落后，工业生产竞争力较弱。古村落旅游资源是稀缺的、不可再生的，竞争力较强，而且通过旅游实现保护地方文化遗产，以游养庄，能为后代完好地保存更多的遗产。于是，2003年，潘书记、马晓秋与卢久长开始了窦庄历史资料的整理。2003年北方交通大学建筑艺术系薛教授与潘书记的偶遇，为窦庄建筑价值的论证增添了更多的技术支持。随后五十几位建筑系的同学在窦庄进行了40多天写生，与马晓秋老师进行了长时间的交流学习。那时村民对他们所做的事情普遍不看好，所以大多数时间，整理文保工作资料都是在私下里进行。马晓秋负责窦庄资料的收集与材料编写工作，他通过查阅《明史》《清史稿》《山西通志》《泽州府志》《沁水县志》等资料，编写窦庄古村保护材料，卢久长负责文本的写作，潘书记则从发展方向与资金筹措方面采取着积极行动。为了能够准确为游客讲解窦庄历史，马晓秋字斟句酌，刻苦钻研，对每户的门匾逐字查阅，对史志中提到的专有称谓更是刨根问底。经过马晓秋与潘建国等人的不懈努力，2004年，窦庄被评为省级历史文化名村。名村的成功获批给潘书记等申报者以极大的信心，同时也用事实平复着村里各种质疑之声。潘建国、马晓秋、卢久长积累经验，2006年，申报国家文物保护单位成功；2008年，申报中国历史文化名村成功；2012年，获得传统景观古村落。

随着国家对古村落的关注度逐渐增大，相关资金也开始陆续支撑着窦庄古建筑的维修。2014年5月，窦庄的武魁院、南院、卢家院、孝友院、寅宾院等13个院落古建修复招标成功；2015年，贾氏三院、贾氏藏宝楼、慈母堂、旗杆院、窦氏老宅上下院等院落的修复资金也已到位，修复工作正在展开。两年内窦庄共获得国家修护资金4600万元，县政府配套200万元（2014年）、100万元（2015年）的推进费，用以补贴为窦庄文物保护做出大量志愿活动的村民、村民搬迁费用等。

2014年，村委会配合古建队与维修院落所住居民沟通，村民多数积极配合，村民暂住其他院落或投奔亲戚家，村委协助搬迁的具体工作。清理杂物，统一存放家中不常用物品，并通过拍照片、打条子的办法建立拆迁居民财产登记，待民居院落修好之后，居民凭条子认回自己物品。

（5）古村落的旅游市场化运营尝试

只要是去过窦庄的游客，都听说过"金郭壁，银窦庄"的说法。历史上盛极一时的郭壁窦生，如今都在地方失去了重要经济地位，但共同发展的命运却把这两个地方始终绑在了一起。2006年，由郭南书记提议，郭北、窦庄书记参与的'金郭壁，银窦庄"旅游开发有限公司注册成功。尽管后期由于村委换届等原因，使得持续发展旅游的战略发生了变化，但它仍是沁河古村落集体开发旅游的见证。

郭壁村是沁河古渡口之一，也是明清时期的商贸重镇。因其有着背山临河的优越地理位置，村落的防御建筑只需在河边筑堤垒坝，是十分典型的城堡式建筑格局，因此"远望如郭，实则一壁"，故名郭壁。凭借临水优势和便利交通，这里经济繁荣，古有日进斗金之说，所以人们又将其成为"金郭壁"。郭壁村地处沁河西岸，进入其中必需过桥。从桥的跨度，可以隐约知晓当年的沁河水如何浩浩荡荡，当时的沁河古八景之一的"沁渡秋风"如何凄美如画。原郭壁村现被分为郭壁北、郭壁南，简称郭北、郭南。郭壁南村中还有一座国宝级的寺庙，即府君庙。

无论是窦庄还是郭壁，旧民居改造成为当时两村委面临的最大压力。古村落民居属于国家保护文物，产权属于村民，在保护主体上不明确，导致沁河流域的古村落自然与人为损毁严重。沁河古村落作为遗产，虽然具有公共资源属性，但其产权仍然是归属于当地村民。村民自身诉求随着时代的变迁有所变化，譬如扩建、翻新等改变传统民居式样的情形时有发生。尽管从文物保护角度来说不允许居民私自修建、改建民居，但沁河流域的古村落所在地大多为经济落后地区，地方政府财政资金紧张，难以维系对私人所有古民居的维修，致使沁河流域的一些古村落处于存废两难的境地。沁水县的几座古村落中部分居民不得已，将原先的老屋在无法达成"修旧如旧"目标的情况下自行改建，导致重建部分与古村落原有建筑风格格不入，破坏了村落原有的风貌。或者由于村落破败，居民迁出，无人居住的民居加速颓废。

为了解决以上困难，郭壁、窦庄借"金郭壁，银窦庄"旅游公司，创新性地提出了解决方案。具体方案是，若有住户提出需要维修旧房屋，村委负责审核民居修复设计和维修规划，公司负责筹措资金，百姓

图2-46　窦庄正殿修复前　　　　　图2-47　窦庄正殿修复后

只出材料钱。试点工作在郭南展开，在陆续完成了5~6个民居的修复后，得到了百姓的一致认同。此外，"金郭壁，银窦庄"旅游开发有限公司积极筹建中国民族建筑研究会，并于2009年协助召开"第二届沁水·中国古城古镇古村投融资论坛"。

及早定位，抢占品牌注册权。2007年，在潘建国的建议下公司成功注册"小北京"和"沁园春"域名。由于窦庄城堡是明朝张烈公为孝顺母亲而建，其形制仿北京皇城，故又称为"小北京"。"小北京"域名的

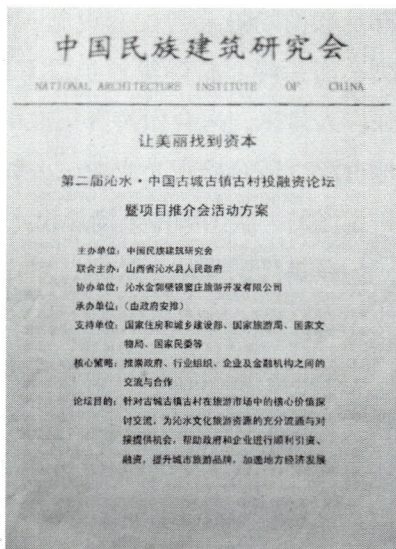

图2-48　2009年中国民族建筑研究会

注册足以看出公司希望采用类比定位的办法开拓窦庄的大众游客市场。"沁园春"是常见的词牌名，汉明帝在其五女（沁水公主）出嫁时，为其居所修一园林，取名沁园，后被窦宪倚势变相强夺。"沁园春"品牌的注册主要是针对文人墨客的专项市场。窦庄、郭壁的旅游开发合作是沁河古村落联合开发旅游的首次实践，窦庄、郭壁联合开发旅游的目的有三，扩大游客游览范围、节约资源（三村统一设置游客中心等服务配套）、扩大社会影响。

（6）幸福河谷

嘉峰村位于闻名遐迩的窦庄古堡和湘峪古堡之间。改革开放以来，嘉峰老村拆迁几次被提上日程，但因种种原因一次次搁浅。因祸得福，却使老村基本保留了最初的样子——从高处俯瞰，俨然一只神龟静卧在沁河之滨，村里也保留了几座明清大院和寺庙，这些在现任嘉峰村村长及书记刘沁峰眼里都是宝贝。

刘沁峰是嘉峰村的书记，他在和相邻的窦庄、半峪、湘峪等村的负责人聊天时，大家不谋而合，都想到了联手开发旅游。湘峪、窦庄因为受地理条件限制，虽说有着得天独厚的旅游资源，但拓展空间很小，没

有足够的场地修建配套设施，停车住宿餐饮等问题都有待依靠邻村解决；而嘉峰、长畛等村虽没有王牌旅游资源，但交通便利、经济实力强、人口多，适合做游客集散中心；五里庙、磨掌等村有大量山地、林地资源，适合搞观光农业……就这样，16个村抱团搞旅游的思路在几个村主任的一次闲聊中渐渐浮出水面。

在嘉峰、半峪、湘峪、窦庄等村的牵头下，16个村的村主任召开联盟会议，讨论抱团搞旅游一事。当这一大胆的设想在会上提出后，引起了不小的争议。有些村认为想法太大，根本无法实现；有的村则在犹豫、观望。联盟会议开了一轮又一轮，还特意邀请当地镇政府领导参加，聘请知名专家把脉，又组织各村村主任两次外出考察，先后考察了四川罗江度假区、安仁古镇、黄龙溪古镇、北京门头沟度假区、浙江乌镇、江苏荡口古镇等联合开发旅游的典范地区。"到底能不能搞成，大家本来心里都没底，但参观了这些地方后发现，有些地方的自然、人文资源还不如咱们这儿，但人家就是搞成了，我们的信心也足了。"刘沁峰说。考察回来后，

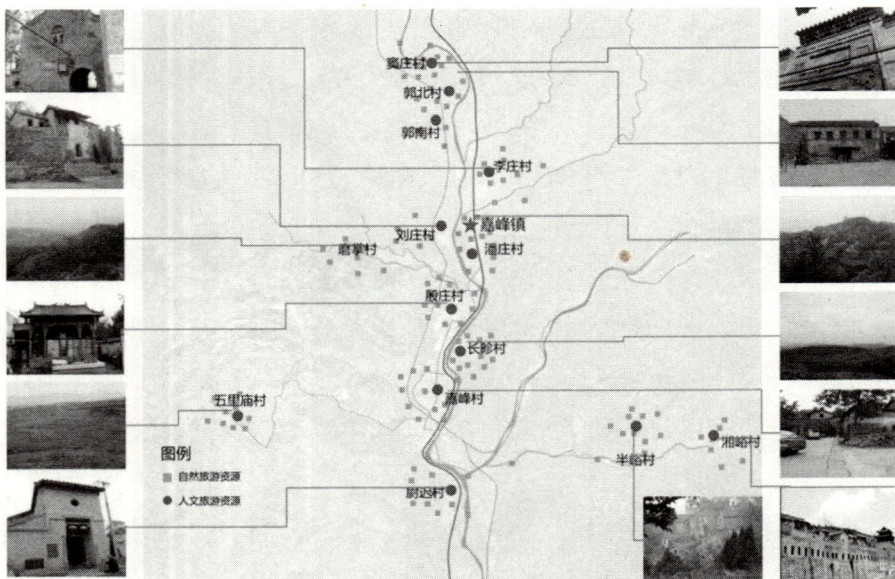

图2-49　来自《沁河古堡旅游区（郑嘉片区）总体战略策划》内容

争议不断减少，共识逐渐形成，思路渐渐清晰。"现在再走皇城模式已经行不通，乌镇模式更适合沁河沿岸各村。"刘沁峰说，传统的"门票经济"某种程度上，制约了旅游产业的发展。杭州西湖不收门票，一年四季游人如织；乌镇降低门票后，反而吸引了大批游客纷至沓来。这些景区的经验证明，不收门票或低门票的开放式旅游效果更好，能拉动当地餐饮、住宿等产业发展，解决村民就业难题，带动整个片区发展。

令刘沁峰惊奇的是，当他们拿着当地各村的图片资料，请北京、上海等地的十几个顶级旅游策划公司来考察、策划时，各家公司都如获至宝，短时间就搞出了13个策划方案。经过反复比较、斟酌，他们最终选定了上海一家公司作为合作单位。

走市场化道路，整合资源抱团搞旅游，逐渐成为嘉峰、湘峪、尉迟等16个村的共识。2013年11月，以刘沁峰为董事长的"山西幸福河谷文化旅游开发有限公司"应声落地。2014年5月底前，16个村都与幸福河谷公司签订了《旅游开发战略合作意向书》，统一形象、统一品牌、统一规划。

为什么打出"河谷文化"的牌子？刘沁峰说，目前国内还没有人开发河谷文化，就当地的旅游资源来讲，既有河流又有古堡，单打古堡牌有些单调。享誉全球的法国卢瓦尔河谷、英国铁桥峡谷等都是河谷文化旅游开发的代表，他们就是靠挖掘文化遗产价值，实现跨区域、跨产业的文化遗产旅游开发，从而实现工业向旅游业的华美转身。嘉峰、尉迟、长畛、郭壁、窦庄、半峪、湘峪等16个村分布在沁河两岸，都与河谷文化有着千丝万缕的联系，而且各有特色，只有抱团发展，优势互补，将古堡游与乡村游、河谷游融为一体，形成规模，才能形成强大的旅游磁场，吸引八方游客。

"我们不收门票，是开放式、体验式旅游，主要依托餐饮、住宿、交通、娱乐等公共服务经营。"刘沁峰介绍，目前，《沁河古堡旅游区（郑嘉片区）旅游发展战略策划》已经出炉，策划以"三晋幸福谷、家国千秋梦"为中轴，依托地下资源、地上文化，打造河谷文化。条件成熟时，还计划将沁河古堡集体申报世界文化遗产。沁河流域历史悠久、文化底蕴深厚、资源丰富，众多明清古堡如繁星般点缀在沁河两岸，被誉为明代第一古堡的"湘峪三都古城"、享有"小北京"之称的窦庄古村、"天恩世赐"的高大牌坊和一座座"尚书府""进士第"，处处都显示着沁河流域的物华天宝和人杰地灵。但长期以来，大部分古堡仍待字闺中，不为人知。如果未来能得到很好的保护、开发及商业运作，完全可以成为沁河流域旅游的新亮点。

正是在这样的背景下，沁河流域郑村镇和嘉峰镇的16个自然村自发联合，整合优势资源，达成战略联盟，共同开发旅游。由半峪村、湘峪村、嘉峰村、长畛村、五里庙、魔掌等六个村共同出资成立"山西幸福河谷文化旅游开发有限公司"，成为未来沁河古堡旅游区的旅游开发与运营主体。公司紧紧围绕山西省"跨越转型"的总体要求和旅游产业发展的整体战略部署，以"打造国家级休闲河谷旅游度假区"为愿景目标，本着"资源整合、利益共享、旅游为纲、文化为魂"的宗旨，致力于带动当地就业，促进经济繁荣，推进沁河流域新型城镇化建设。

在各村负责人实地考察，调研了国内众多古堡、古镇旅游项目和旅游规划团队后，幸福河谷公司委托上海奇创制订了《沁河古堡旅游区（郑嘉片区）总体战略策划》。该规划于2013年1月份经沁水县旅游局组织的全省专家评审，获得高度评价和一致通过。

根据《沁河古堡旅游区（郑嘉片区）总体战略策划》，沁河流域郑村镇和嘉峰镇区域未来将逐步形成"一心一带四组团"的旅游格局，见图2-50：

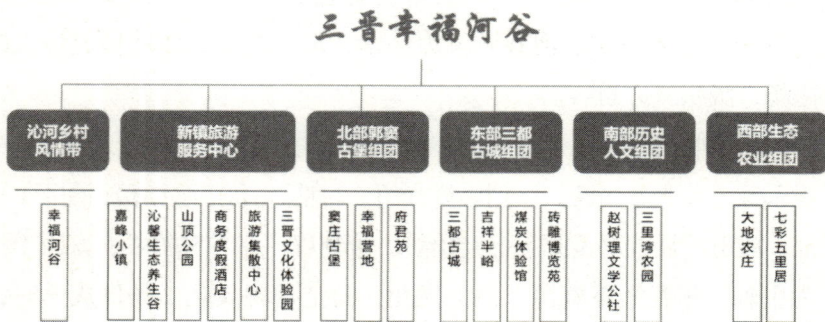

图2-50　来自《沁河古堡旅游区（郑嘉片区）总体战略策划》内容

以"嘉峰村、长畛村、潘庄村"为中心的新镇旅游服务中心；

以沁河景观为依托的乡村风情带；

以"湘峪村、半峪村"为中心的东部观光型古堡组团；

以"窦庄村、郭南村、郭北村"为中心的北部体验型古堡组团；

以"五里庄村、磨掌村"为中心的西部生态农业组团；

以"尉迟村、武安村"为中心的南部历史人文组团。

开发旅游，文化先行。公司在2014年5月出资组建了"沁河文化协会"，邀请文化学者和文化爱好者对沁河流域的历史文化、民风民俗等进行系统梳理。在旅游还未形成气候之前，让沁河文化美名传播。

2014年7月，沁河流域（郑嘉片区）旅游开发项目获得省发改委备案立项。未来5至10年，公司拟通过招商引资的方式，投资22亿元开发沁河旅游。

5．捡拾历史的碎片——南阳古村

沁河流域的古村落多姿多彩，各领风骚。这些村落大多是明清时繁荣，近代衰败，而只有南阳村其辉煌的历史可以推及古代。虽然在经济发展的大潮中它没有跟上步伐，但在吹动旅游发展的风潮中，南阳村的历史面貌正在被一点点还原。

（1）学者的发现——古丝绸之路之源

在距离沁水县城35公里的历山脚下，有一座村庄名为南阳村，它地处太行山、太岳山和中条山交界处，地理位置十分重要。南阳村由三个自然庄组成，总面积20平方公里，全村230户630口人，耕地1688亩，森林面积11000亩。历史上有"豫陕门户，丝绸之路，丝绸之源，兵家必争之地"的称谓。但是这样重要的历史文化资源长久以来并未被外界广泛认知，凡提及丝绸之路时，人们并不会与山西联系起来，那么我们不经要问"嫘祖教民养蚕"的千古传说，以及早在汉唐时期就形成的巨大丝绸产业和商贸历史的源头在哪里？2001年山西省史志研究院的张铁锁先生在南阳村意外地发现了至今保存完好的丝绸古道、古桑村、古村落以及石拱桥、古寺庙等与丝绸之路相关的古代文化遗存，经过多方求证，南阳村正处于洛阳至长安的古道途中，该村向东20公里左右便是洛阳。"丝绸之源"的轮廓逐渐清晰起来。

走在有"丝绸之路发源地"之称的村子——南阳村村里的小路上，随便询问一位村里的老人都可以给我们讲述南阳村祖祖辈

图2-51　丝绸古道——南阳村旺寨门

辈、家家户户栽桑养蚕的故事。我们在许多村民的家中都见到了诸如蚕蔟、打丝锅、打丝框、丝绸机等古老的废旧工具。

村子里随处可见古老的桑树，其中有一颗老桑树树围有一丈多粗，树梢的枝叶已经枯死，其生长的年代不知道是多么久远。透过这棵古桑树我们可以想象到，在明清以及金元朝甚至更早的唐宋时代，南阳这片土地

图2-52　古镇一条街（旧）

图2-53　古镇一条街（新）

上一定桑树遍地，家家养蚕，户户缫丝。我们仿佛看到客商慕名从洛阳东来，从南阳人手中购买下一匹匹镂金铺翠、绚丽夺目的丝绸，西出长安，经敦煌，过西域（今天的乌鲁木齐），入波斯，进欧洲，形成了一条著名的陆上商贸之路。

2015年是"美丽中国——丝绸之路"旅游年，国家大力倡导"游丝绸之路，品美丽中国"，"新丝路，新旅游，新体验"。借着这样一个良好的发展机遇，作为丝绸之路发源地之一的南阳村要整合自己已有的关于剂作丝绸的重要器具，丝绸古道、古桑园、碑记等东西，建立一个展览馆，供游客参观；另外打造专属丝绸品牌，发展旅游产品。

（2）红色文化的回顾——抗大太岳分校

中国人民抗日军政大学太岳分校旧址就在沁水县土沃乡南阳村东头的玉皇庙内，门上挂着"中国抗日军政大学太岳分校"的牌子，这里还是沁水县廉政教育基地。该庙为一进双门，三阁两厅，分前后两个大院。大队部设在后院的东厢房，政治部设在后院的西厢房。正北大雄宝殿是抗大俱乐部的展览馆，院中心宽敞明亮的阁楼大厅，摆着整齐的木凳和石桌，阁楼大厅正前方挂着鲜红的学校校训"团结、紧张、严肃、活泼"，大厅后方墙上有战士们办的墙报。展览馆的墙上有中国抗日军政大学太岳分校的简介，毛主席在延安抗大给学员讲话的图片，延安总校的照片，太岳分校的示意图、机构示意图，还有烈士的牌位，学员的简介以及一系列工作图

图2-54　修缮中的抗大太岳分校旧址

图2-55　太岳分校现状

片等。目前太岳分校还没有进行旅游开发，只是作为沁水县廉政教育基地展览馆供人参观。

中国人民抗日军事政治大学，简称"抗大"，是在抗日战争时期，由中国共产党创办的培养军事和政治干部的学校，前身为中国工农红军大学，1936年6月1日在陕北瓦窑堡成立。毛泽东兼政委，林彪任校长，刘伯承任副校长，罗瑞卿任教育长，1937年1月更名，并随中共中央机关迁到延安。1937年7月开始，先后迁至山西省武乡县蟠龙镇、河北省邢台县浆水镇办学。1945年10月，抗大开赴东北，后改为东北军政大学。从1938年冬至1945年春，抗大还陆续在晋冀豫、山东、华中、鄂豫皖等抗日根据地建立了抗大12所分校，为八路军、新四军等培养了10万余名军政干部。太岳抗大分校就是其中一所，番号历山大队，直属太岳军区领导。1943年2月成立，校长由八路军386旅旅长陈赓兼任。1945年11月，太岳抗大分校并入晋冀鲁豫军政大学，完成了中国人民抗日军政大学太岳分校光荣的历史使命。在两年多的时间里，太岳抗大分校与沁南抗日县政府和群众结下了深厚的友谊，军政、军民团结战斗，粉碎了日军的"扫荡"，渡过了灾荒，为抗日战争的胜利做出了重要贡献。正如毛泽东主席总结的"抗大，抗大，越抗越大"！太岳抗大分校在南阳办学近3年，先后培养了政治素质高、军事技术硬、工作作风好的共产党军政干部近千人，积累了艰苦战争岁月一边学习、一边战斗、一边生产的办学经验，形成了"团结、紧张、严肃、活泼"的抗大校风，铸就了抗战史上的一座丰碑。

2005年在市、县有关部门资助下，投资80万元对抗大太岳分校旧址、沁南抗日烈士纪念亭进行了维修，于2006年12月1日正式对外开放。通过图片、实物突出展示了南阳军民创建根据地、开展敌后战争、党的建设、经济建设、文化建设等方面的光荣历史和丰功伟绩。教育基地对外开放以来，党的纯洁性教育活动、党的群众路线教育实践活动、整顿"四风""三严三实"专题等活动开展期间共接待前来参观学习者近万人次。由于年久失修，基地出现房屋房顶大面积漏雨、墙体裂缝等。县委、县政府非常重视，2014年投资200余万元对基地进行了维修，抗大太岳分校将以崭新面貌为人们提供更多的爱国主义教育。

南阳村还是五代后梁画家荆浩的故里。太行洪谷、南阳仙洞、清禅寺、神钲山、大岩扉、石鼓岩、水帘洞、娘娘洞、望佛桥、十三潭、天井等这些自然景观，在沁水志愿者王兴荣心里每一个都像阿里巴巴的藏宝洞一样充满着神奇与精彩。这里植被覆盖率达到100%，是一处休闲、度假、观光、写生的顶级旅游地，虽然景区内道路暂时不畅通，但每年前来观光旅游、写生的学者不计其数，大家一致认为太行洪谷物华天宝、不虚此行。

由于南阳村属革命老区，是一个地上无企业、地下无资源的纯农业村，村集体无经济收入，严重制约着旅游景区的开发。然而，县委、县政府高度重视南阳村旅游的开发，2014年至2015年投资4亿元拓宽修建了迎白旅游公路，2015年投资1000万元修建南阳村至荆浩故里旅游公路。随着旅游公路的通车、扩大太岳分校旧址的维修、荆浩故里旅游区的开发，通过农副产品销售、提供农家乐吃住服务等，村民收入一定会大幅增加。

（3）优化"活态博物馆"，打造遗址民俗风情村

民俗村源于早期的野外博物馆，原来是用来专门保存和展览历史建筑物、构筑物及其局部环境的，如日本1965年开辟的明治村，把明治时代遗留下来有保存价值或属重要文物的建筑（包括建筑的一部分）近60件，相继迁到名古屋市北一片约1公里的丘陵地上，经复原后展出，随着主题园概念的普及，一种综合娱乐和展览的新类型——"民俗村"产生了。它利用野外博物馆的形式来展示民俗风情以及过去和现代的生活情境，游乐成为主要目标，展品也摆脱了必须完全是文物的限制，而只是作为一种背景或道具。可以说"民俗村"具有浓缩历史与风情的优点，而且加入了人的活动，更易于主题情节的表现。如夏威夷的波黑尼西亚文化中心，通过演员和志愿者的现场表演，展示各岛土著的生活起居和不同文化层面，提供了一个西太平洋群岛的历史缩影。

日本的明治村开馆后，就经常举办各种模拟过去生活情境的展览，并让

身着当时服饰的人物和现在的营业方式相配合。村内还铺设了轨道，把明治时代最早的有轨电车和蒸汽机车用作参观工具，大大提高了参观者的兴趣。南阳村可以打造"活态博物馆"遗址民俗风情村，演绎和还原当时的民俗风情，同时还可以依附民俗村，打造特色历史街区，使二者有机融合。

（4）研学旅游

2014年国务院关于《促进旅游业改革发展的若干意见》提出要积极开展研学旅行。研学旅游来源于日本，主要是组织青少年利用假期到国内外进行旅游、观光和学习，在欧美、日本研学旅游是一种传统，并认为是素质教育的一个重要组成部分。研学旅游，是最能体现旅游户外教育功能的

图2-56　景区游客步行街道

旅游产品，是以一个专题为目标或考察当地风俗文化、或了解一门学科、或学习一门语言、或参观高校科研机构等的一种旅游行为。它在旅游内容路线设计上围绕学习内容来组织，突出专业性、知识性、趣味性，使学生在旅游中学到的知识更系统。同时，研学旅游也是保护遗产的重要旅游形

式。当前，对于中国的教育正处于应试教育向素质教育的关键时期，南阳村抗大太岳分校遗址是爱国主义教育基地有利的场所，可以让学生了解抗战的历史，勿忘国耻。

沁河流域内，不仅拥有为数众多的文化遗产和自然遗产，还留存有珍贵的非物质文化遗产，而这些由风俗节庆、民间工艺等构成的非物质文化遗产恰恰是展现古村落特性的重要方面。离开了人文内涵丰富的非物质文化遗产，不仅会造成重要历史信息的缺失，同时也会流失古村落的传统与个性，而这是古村落的灵魂。

如何保护作为遗产的古村落？这是当前普遍关注的热门话题。在诸多的古村落保护案例中，"见物不见人"的情形时有发生。古村落的保护，不仅仅是修缮几座物态的具有历史风貌的房屋庙宇，更主要的是维系和延续原住民非物态的生活，包括固有的生活方式、技艺和风尚。只有这样，古村落的固有传统才能得到有效的保护与发展。从管理模式而言，以社区为主导．由古村落居民及其村委会作为直接利益主体，设立旅游开发公司，自筹资金，自主开发。这样的旅游管理模式可以实现经营权与所有权统一．村民自主性强，开发中管理矛盾较少。但与此同时，由于古村落社区的资金有限，开发速度较为缓慢，以及管理经营的非专业化，导致古村落在旅游开发中的创新能力与客源组织能力相对弱，见效比较慢。因此，社区主导型的古村落开发，需要村集体有较好的市场意识和组织管理能力。

三、锦绣山水，生命繁盛

自魏晋南北朝始，自然山水作为独立的审美对象，常常被文人墨客沁于笔端，谱于词曲，现于园林之中。名山胜水在中国的传统文化中成为天地的代表，人类认识到自身是自然生态环境中的产物，与天地和谐相处始终是中国古代人类对其与自然关系的终极愿望。进入到工业社会，随着科学技术水平的提高，人类对大自然的敬畏之心渐渐淡化，人与自然环境常常处于对立不协调的状态，于是自然环境被破坏的同时，人类也失去了他们的生存基础。近些年来，无论是对自然利用方式的深刻反省，或是希冀于对旅游的永续利用，自然山水类景区的开发中出现了很多自然关怀、社区关照的故事。在沁河流域内历山的生态旅游、析城山的乡村旅游无不诉说着人与山水之间的故事……

1. 人与自然的和谐相处

（1）三县交界，舜帝崇拜

历山坐落在晋南的垣曲县、翼城县、沁水县的三县交界地带，地处中条山脉的东段。山的名称由来可以追溯到远古时期。相传舜王曾躬耕于此，并且编制了适用于黄河流域耕作活动的物候历——《七十二候》，因此，后来的人们把这座山称为历山。森林覆盖率高达97%和海拔落差1000米的天然优势，使历山具有了一天有四季，十里不同天的独特旅游生态资源。历山独特缘于它特殊的地理位置，它是中国温带到亚热带的过渡区，拥有华北平原上唯一的一块万亩高山草原和黄河中下游地区仅有的原始森林。此外，晋南第一高峰——舜王坪，就悄然藏身于此。早在20世纪的80年代，国务院就将历山确定为国家级的自然保护区。

《史记》载："舜耕历山，渔雷泽，陶河滨，作什器于寿丘。"这里所说的舜就是中华民族神话中的三皇五帝之一的舜帝。历山的主峰高居2300多米海拔之上的草甸称作是"舜王坪"，名称就是由此而来。

从山下仰望历山，山峰俊秀陡峭。沿着山路向上往舜王坪方向走，一

图3-1 舜王坪山顶风光及木制游步道

路上，树木葱郁，草长莺飞，使人心旷神怡。就在你筋疲力尽之时，一块大草甸突然出现在眼前——广袤无垠，绿草如茵，色彩斑斓，惊喜、兴奋，这就是我初到舜王坪的感受。

历山自然保护区横跨三县，因此，跨行政区域联合管理问题一度成为历山旅游开发中的难点。历山舜王坪是一个浪漫神奇的风水宝地，围绕它的地理权属，沁水、垣曲、翼城三县在一千余年的历史中，纷争不断。新编《沁水县志·大事记》记载："清康熙二十五年（1686），在历山舜王坪树碑，记载历山所属沁水地界四至：西至珍珠滴水龙龛，东至天河梳妆楼，南至王堂大石牛，北至

图3-2 沁水历山荒野森林公园游览车

马鞍桥砂洞岭。"清光绪五年（1879），沁水、垣曲、翼城三县又发生地界之争，这次纷争三方互不相让，沁水与垣曲还兴讼省官府。进入新时期以来，舜王坪的潜在旅游价值渐被发现，巨大的经济效益被认可，舜王坪再次成为三县关注的焦点。在20世纪末，三县投入了人力物力，针锋相对，寸土必

图3-3 交口舜帝庙

争，互不相让。最后山西省委于2000年8月做出最终裁定：沁水、垣曲、翼城三县共同开发历山舜王坪。

围绕舜帝文化的开发也在垣曲和沁水两县如火如荼地开展起来。垣曲的舜帝故里在垣曲县宋家湾境内的诸冯山，相传舜生诸冯至今已有4000多年。多少年来，垣曲县委、县政府十分重视这一根祖文化，专门成立了垣曲县舜文化研究会，挖掘记录舜文化史料，追寻舜在诸冯山的生活链以及古遗址。同时依托者冯、历山等自然风光结合舜文化精髓，发挥人文与生态资源结合的优势，先后修缮开发了舜王坪、舜王庙、舜王塔、皇姑幔等舜帝古遗址。

沁水一带保留有完整的传统舜帝祭祀文化，大大小小的舜帝庙散落乡间，有关舜帝的传说比比皆是。位于沁水县城西南30公里处的土沃乡交口村就有一座保存相对完整的舜帝庙，根据碑文记载，该庙始建于元至正六年（1346），距今已有600多年历史。

（2）农耕文明与峡谷风光

历山之美不止在舜王坪，更不止在舜帝，而在于它带给中华早期文明赋予的文化意义。中国是一个以农业为主的国家，农耕文明的遗迹遍布全国各地，历山的先民们利用这里的山水土地谱写着中国农耕文明最早的诗

歌。在沁河流域历山风景区内留存着距今2.3万年至1.6万年的农耕文明遗址地——历山脚下的下川乡，该地素有"中国农耕文明的发源地"之称，遗留着史前文明古人类的活动遗迹。下川遗址是中国旧石器时代晚期以细石器为主要特征的石器文化。早在20个世纪70年代，考古工作者们就在这里发现了细石器和古脊椎动物化石。追溯到远古时期，当时的气候比现如今要温暖得多。在河湾一带，浅水里还生活着螺和河蚌，深水中生活着鱼，近岸的水边长满了水草，山上覆盖着层层森林，山里生活着大象、犀牛，山前的草原上生活着大群的羚羊、斑鹿、野驴、野马等。这和传说中"舜耕历山，渔雷泽，陶河滨"的情况大体吻合，与历山、舜王坪的地貌亦大体相同。早在16000年前，下川人就完成了多种主要农作物的种植和动物家畜的驯化过程。在当下看似简单的行为，却因为它的久远以及当时具有的划时代意义被农耕文化学者高度关注。

11000年之后，舜封于历山，这个受父命耕治历山的年轻人以他的智勇双全、忠义坚守赢得了尧帝两位女儿的芳心，收获了传奇般的爱情。现在，游客游览沁水历山景区时，可以看到历山两条著名的峡谷就是以舜帝两位妻子的名字命名——娥皇谷和女英峡。之前这两条峡谷根据其地理位置分别称为东峡和西峡。游览历山峡谷者，多数游客选择女英峡，是因为女英峡以高山深涧、风骨峭峻著称。而长约10公里的娥皇谷（东峡）则以山林隐逸、山谷悠长而成为徒步旅游爱好者的必然选择。抗日战争期间，邓小平曾率领八路军，隐匿于东峡，最终摆脱了日军的围追堵截。东峡连接着沁水和阳城两县，药农们在东峡采药，在峡底中踩出了一条小路，沿着这条小路可以欣赏到美丽的历山田园风光。

（3）无痕山林——沁水历山景区的运营目标

似乎与国内很多的山岳景区不同，在沁水历山景区游客看不到大规模的神堂庙宇建筑。自然古朴的荒野生态、简洁明了的住宿设施、就地取材的旅游商品，游客处处体验的是与舜王坪上的高山草甸、女英峡中的潺潺溪流、下川遗址的那缕篝火完美相配的自然旅游服务。沁水历山旅游开发有限公司是在2004年作为历山旅游的开发主体展开工作的，历时11年，在沁水县政府的积极支持下，总投资达到了1.2亿元人民币，对沁水历山景区的基础设施进行了改造和完善。景区开发之初，开发主体就坚持干预最小、建设最少的开发原则，在景区内建设较少的旅游配套服务设施，只做最简单的道路设施、水电基础的改造。为了减少"舜王坪"高峰节点游客足迹对草甸的影响，尽早地修建了木制游步道，后期随着景区升级的客观要求，修建了游客服务中心和特色客栈。所有建筑装修材料尽量就地取材，外在景观形式都力求与环境和

图3-4　历山特色客栈内部照片

谐匹配，特色客栈没有一次性消耗品，餐厅菜品选用地方食材，运用地方烹饪方法制成。在旅游活动的组织方面，沁水历山景区秉持最小干预的理念，将生态旅游的概念用自己的行动做出了最好的诠释。

20世纪60年代，美国最早提出了"生态旅游"的倡议，希望通过生态旅游解决居住在深山老林的社区居民的生计问题，同时可以借助游客的造访实现环境保育的教育。在我国，随着环境污染、食品安全等城市生态环境的恶化，景区竞相打出"生态旅游"噱头来吸引游客，游览风景如画的山水，品尝原汁原味的地方食品，亲山乐水，不亦乐乎？但游客留下来的是什么呢？山上的花草被肆无忌惮地采摘，山间的河流被无所顾忌地玷污，垃圾遍满山野……凡此种种！生态旅游中最重要的环境教育被忽略，先污染后治理的路子在生态旅游发展中再次重演。这一切源于我们对生态旅游概念的误读，生态旅游应是以经济作为诱因吸引居民参与地方环境认识和保护，以导游解说和各类活动引导教育游客认识环境生态，把对大自然的索取心放下，把对大自然的感动和自觉维护生态环境的意识带回家，这才是生态旅游的核心价值所在。

图3-5　历山文创纪念品

图3-6　历山特色客栈内部照片

　　沁水历山景区不仅在设施建造和旅游服务时秉承生态旅游的核心价值理念，在活动设计中始终围绕环境教育、参与环境改善这一主题。历山景区正式对外开放以来，先后设立了健步走、山地车、山地摩托车、小轮车、徒步、野营等低碳运动项目；开办了手工制作、认识自然、科学养生等专题教育讲座；其中最为引人瞩目的活动，则是2015年9月，沁水历山国家级森林公园景区邀请台湾的手工步道专家李嘉智老师在历山开展了一期"步道志工工作假期"活动，这是中国大陆第一次手作步道体验活动。

　　步道志工是一种鼓励居民、游客用个人的劳动付出参与山地步道建造、环境整理的活动。通过体验式参与，教育志工和他人用自己之力为环境做力所能及之事。这一活动在台湾等地已形成风气，每次相关活动一经推出，瞬间报名满额。活动所在地管理者在建设游客步道时也开始反思，不再机器轰鸣、漫山水泥，而是利用林场山地和山中残废材料进行步道修建，这一活动在大陆开展没有被大多数生态景区所接受，同时多方因素的制约没有适当的场地可以供学员实际操作，因而推广较为困难。历山景区高级管理层一直以来奉行的生态开发理念与台湾的步道志工协会的生态保育理念不谋而合，随后开展了5天的训练课程，并完

图3-7　历山生态教育活动展板

成了志工步道实验操作。

图3-8 历山步道志工活动图片

山西沁水历山荒野森林公园工作假期暨生态旅游训练课程表

Day1：9 月 13 日 移动日(视情况进驻沁水或下川历山)

注意交通安全及集合时间。

若进驻历山则进行舜王坪夜观

Day2：9 月 14 日 始业式及场勘

07:00~08:00 早餐

08:30~09:30 始业式及破冰(60 分钟)

09:40~10:40 认识步道志工(60 分钟)

11:00~12:00 生态旅游概论

12:10~13:20 午餐及休息交流

13:30~17:30 场勘及调查(户外踏查及工项安排)

18:00~19:00 晚餐

19:30~21:00 步道工法说明(90 分钟)

20:30 自由时间

Day3：9 月 15 日 步道实作

07:00~08:00 早餐

08:20~09:00 集合及工具安全讲解(40 分钟)

09:30~11:30 步道施工(120 分钟)

12:10~13:10 午餐及休息交流

13:30~16:30 步道施工(120 分钟)

16:30~17:30 造访梁山村

18:00~19:00 晚餐

19:30~21:00 台湾生态旅游案例（90 分钟）

21:00 自由时间

Day4：9 月 16 日 步道实作及山村探访

07:00~08:00 早餐

08:30~11:30 步道施工(180 分钟)

12:10~13:10 午餐及休息交流

13:30~17:30 山村探访

18:00~19:00 晚餐

19:30~21:00 澳洲生态旅宿案例（90 分钟）

21:00 自由时间

Day5：9 月 17 日 生态旅游案例及结业式

07:00~08:00 早餐

08:30~10:00 外国生态旅游案例（90 分钟）

10:10~11:00 结业式

11:00~12:00 午餐

12:00~赋归

随着户外活动的盛行，它的背后体现了当代人的生活方式的改变，人们已不是在单纯追求技术和经济模式改变中的被动生活，每一次与自然的相处、与他人的相遇都可以进一步实现自我的认知，旅游则提供了认识自我的机会。与山林相处，与他人相处，自然改变了游客，游客也在帮助自然生态的恢复，但这需要来自各方的配合。沁水历山景区正是带着这一份坚守，突破大众游客对生态旅游的认识误区，引入生态旅游的国际先进理念，推广"无痕山林"（Leave No Trace）为游客制定行为规则，示例如下：

带出所有携入的物品：

（一）假如你到时，物品不在那里，离开时请一起把它带走。你有责任带走一切你带入荒野的物品。请带走你所有的垃圾。

（二）把你走过的路、到过的地方，保持如同无人到访。勿留下任何人类的影响，移走你曾待过的所有痕迹。在离开时，检查所有营地内遗留的垃圾及误放的配备。

（三）不要掩埋垃圾，动物会翻出它或日后垃圾会外露，请将垃圾打包带走。

（四）和一般观念完全相反的是锡纸、塑胶罐并不能完全燃烧。请带走它们。

（五）假如你的食物打包方式，骗不了一只熊，并且在晚上食物被盗，我发现熊会在邻近营区的地方享用，并在隔天早上前便吃完盗取的食物，请找到食物的残迹，并适当地处理。你有责任带走一切你带入荒野的物品，请带走你所有的垃圾。

（六）请消灭残留的垃圾。带走所有发现或不小心被遗留的垃圾，带走所有在步道沿线发现的垃圾。将发现的垃圾打包于背包的侧袋，并教导任何不替人想的脏鬼，有关于勿留大地残痕和低冲击性旅游的技巧和伦理。

妥善处理无法携出的物品：

（一）在离水源、营区及步道60米远、20厘米深之处，掩埋人的排泄物……

（二）在离水源、营区60米处，清洗碗盘。

（三）食物的残渣会吸引昆虫及动物。过滤你的洗碗水并将食物的残渣和其余的垃圾一并带走。

（四）不要使用肥皂或洗发精。请让化学制品远离荒野。纵使是所谓的生物分解制品的肥皂，也会对环境造成影响。假如你一定要使用肥皂，请在离水源60米远处、少量使用。

（五）假如你骑马，你一定要负责它的排泄物。你总不希望在步道的中央发现可观的马粪山吧？请将马的排泄物移开步道，更不要让马儿在水源、营区附近排泄。

（引自《无痕山林准则》）

2. 析城山下多彩人家

乡村，近年来受到的关注度日益提高。乡村旅游正在以它所具有的扶贫兴业、美化环境、实现城镇一体化的众多功能得到了来自不同层面的关注，村庄在这个过程中成为最大的受益者，村民成为最大的获益人。

（1）析城山

析城山坐落在阳城县的西南方向，早在两百多万年前，经过大自然缓慢而又精雕细琢的演化变动，使得此山逐渐形成了如今所能看到的典型的喀斯特地貌。由于地形的四周崖壁仿若城池，中间凹陷如盆，又向东西南北四个方向分别发散，因此得名析城，而山也就被称为"析城山"。早在中国第一部地理经典文献《禹贡》中，就描述了在大禹治水时，沿着山脉从西往东，凿山疏源，经过砥柱、析城。可以想见，析城山的名称年代之久远，几乎是与中华文明源远流长的历史相伴相随。

析城山西望黄河，中流砥柱，东挽王屋太行，拔地起于中原，横亘大河北岸，俯视中原。立于黄河岸边，举目北望析城，便可见蓝天下、群峰间，隐隐约约，是那济水源头，汤王行宫，天地交界。

来到析城山脚下，连绵的山势如同大自然指掌间的骨节平地拔起，得到妥善保护的绿色森林随着山脊的时起时伏，在阳光的闪耀下犹如绿海，使人心旷神怡。

图3-9　析城山的红砂岭　　　　图3-10　析城山

一路沿着蜿蜒的山路拾阶而上，在走过了郁郁葱葱的森林之后，到达山顶，一大片亚高山草甸——圣王坪，赫然横亘在眼前。国学大师王国维先生所著的《今本竹书纪年疏证》中，曾对商汤在此的行迹有过记载："二十四年，大旱。王祷于桑林，雨。二十五年，作《大䕶》乐。" 根据清代的《山西通志》记载："桑林水，导源析城之东麓。"因此，相传析城山就是当年的汤王祈雨的地方，而这块草甸也因为汤王于此祈雨而得名为"圣王坪"。由于析城山拥有典型的岩溶，因此具有特殊且造型奇特的地貌景观。圣王坪内的土壤属于山地草甸土，并且地形宽缓，而坪外的土壤主要是山地褐土，峭崖陡壁，造成圣王坪内外植被显著的差别。高地石灰岩溶丘形成众多的天然石桌、孤峰和残丘等，成为华北地区罕见的岩溶地貌天然博物馆。

春来秋往，圣王坪内绿草茵茵，数不清的野花在绿油油的草坪上竞相开放，蜂围蝶舞，欣欣向荣。每年的六月，漫山遍野开满了俏丽惊目、胭红粉白的野花，成簇状，每簇一经开放，则怒放数百朵，这就是"析城艳"。传说，此花是汤王娘娘垂泪沾腮，并滴落于花瓣之上而成，故而叫做胭粉花。花期难以持久，慕名而来欣赏的人必须要正值时节观赏，才能有缘得见。

自古以来，圣王坪就是一个天然牧场。每年清明至夏至之间，圣王坪周边牧民的牛羊都会在这儿休养生息。每年清明节过后，牛羊上坪。然而在每年农历五月十二，举办的汤王庙会之后，羊群会离开圣王坪。一方面是此时坪下已有茂盛的苴可以供牛羊享用；另一方面，则是据说有位皇帝下令，在汤王庙会之后，不允许羊在坪上吃草。因此，所有的牧羊人都循规蹈矩，生怕被责罚，都会按时把羊群赶下坪。

穿过大片草甸往前走，一汪倒映着天光山色的湖泊水域就静静安卧在起伏的山间，这就是娘娘池，也叫汤王池。相传在汤王虔诚的祷雨下，上天有了回应，下了一场大雨，山坡表面的水奔流汇聚，冲刷的泥土掩盖住了天井，水却越流越多，最终，变成了一个天池。汤王与他的妃子常到这片清澈的水域边游乐玩水，因而得名为"娘娘池"。娘娘池藏身于圣王坪的深处，澄澈的水面和与世隔绝的环境，吸引了不少水鸟于此驻足栖息。娘娘池东西两侧，还散落有宋金以前的旧汤庙遗址和明清以后当地民间建筑旧址。彼时庙成之后，千百年以来，山西、河南两地的官员与百姓都在这里祭祀祈祷，香火不绝。

由于析城山属于典型的喀斯特地质地貌，因此圣王坪上遍布有大大小小的石灰岩溶漏斗，在民间有"七十二个独龙窝、一百二十四个鬼推磨、三百六十个小铁锅"的说法。山腰的溶洞最多，最大的溶洞——老洞，可容纳万人以上。每遇降雨，除娘娘池外，其余的雨水多顺"漏斗"渗入地下。根据权威地质专家的推测，圣王坪下可能是个大鱼场。此种说法并非没有根据，在1977年的秋天，经过连续几天的降雨后，析城山根水头泉的泉水向上冒出两米有余，成百上千条盲鱼从泉眼中争相跃出，盲鱼通体透亮，大的约有尺余，小的也约有寸许，此奇观持续一天多的时间。

（2）横河人家

　　横河镇位于阳城县西南48公里，在中条山麓，太行山西南端。虽然从地图上看，它与河南乡镇紧临，但它恰恰置于阳城县最为知名的四山——析城山、云蒙山、鳌背山、小尖山包围之中，由于交通不便，地处边远，进而发展缓慢。佢却留下了青山绿水、森林环绕的村庄，原始的农耕风貌在这里几乎都可以看得见。

　　起初的发展来自于村民的自觉行为，但后期的发展则来自于政府政策的积极扶持。2013年，山西省住建厅提出成片打造具有鲜明地方文化特色的美丽乡村连片区，并将阳城县作为全省"美丽乡村连片区"建设试点县。横河镇的看得见山、望得见水的自然环境，正好符合"美丽乡村"要求，于是许多村落相继发展乡村旅游。受益村作为阳城县确定的示范点之一。

　　2014年端午节，受益村开始利用依山傍水的自身优势，大力发展乡村旅游产业。从那以后村里开始发生变化了，村里的土路被硬化了、牛棚猪圈搬走了，还建起了生态公厕，安装了太阳能路灯和健身器材，这些均来自于美丽乡村示范村的资金支持。"山里人家"的木制牌子钉在石头房子上，显得格外亲切与自然。村里人家自愿选择是否参与乡村旅游接待，全村当时有16户人家参与，每户农家乐获得1万元的资金支持。受益村试点工作的成功，给横河镇开展连片区建设的下一步工作提供了宝贵的经验。受益村周

图3-11　横河镇受益村

边的水头村、横河村和申寺村也纷纷利用村里特色农业、特色景观，积极发展乡村旅游。近几年，横河镇则统筹兼顾各村特色，通盘考虑，积极推进旅游基础建设，打造属于自己乡村的特色旅游项目。

图3-12　山里人家

各村镇在村公路沿线种植高效经济作物，建造适合本地环境气候，以土生树木为主的大地景观，完成向日葵种植100亩，连翘种植150亩，黄花菜种植80亩，试种油料牡丹10亩。在此基础上积极鼓励农民在房前屋后、村内空地栽花种菜，实现经济效益和美化环境双丰收，增强了横河的旅游吸引力。

图3-13　红寺村红石人家

　　深挖各村文化内涵。横河村利用村里的晋豫边抗日纪念馆主打"红色旅游"；中寺村则提出"红色中寺"，将游客服务中心建在了半山腰；红沙岭则用红石板打造餐桌餐椅；水头村以"水"为主题，修建了一个龙头模样的景观泉眼，建了3个养鱼池专为游客垂钓提供方便。"百花齐放、百家争鸣"，在横河镇每家每户每个村都有独特的风景和特点。远离城市的喧嚣、放慢生活的节奏、体会山水田园的惬意，越来越多的都市人来到了横河镇。

　　扩大农家乐旅游接待规模。横河镇在2014年原有80户农家乐建设的基础上，2015年继续扩大农家乐建设规模，新建农家乐60户，全镇农家乐户数达到140余户，可同时接待游客2000余人。

　　建设公共集散中心。投资200余万元，启动了横河村景观广场建设工程，以横河村犁镜文化为基础，建设集停车、休闲、娱乐为一体的犁镜文化主题广场，2014年已开工建设，预计2015年6月份可投入使用。

　　依托析城山、小尖山、云蒙山、鳌背山四条主线，完成了劝头村、麻地村两个农家休憩驿站建设，进一步带动了周边村发展以"吃农家饭、住农家屋、游农家景、享农家乐"为主的休闲住宿接待。

　　经济作物连片种植，注重景观效果。横河镇在稳定和提高粮食生产的基础上，鼓励和扶持农民发展农业特色产业。按照建立"公司+基地+合作社+农户"的新型经营模式，新建食用菌大棚100栋，全镇大棚总量突破300栋，以香菇为主的食用菌产量达到200万斤。同时，利用当地自然资源和农业资源，依托农户家庭和农民专业合作社，大力发展采摘园、观光园等观光农业，建成中寺村100亩观光采摘园。全镇农村土地利用率和农业经济效益得到不断提升。

　　在此基础上，横河镇对全镇农副土特产品进行了整合打造，投资200余万元，新建集山核桃工艺品加工、展览、销售于一体的3000余平方米厂房；投资100余万元，新建农副土特产品包装加工销售实体示范店，为全镇农副土特产品收购销售及旅游产品推广提供了帮助，搭建了平台。

（3）政府措施得力

阳城县是"美丽中国十佳旅游县"，也是全国休闲农业与乡村旅游示范县，现在正积极打造全国旅游标准化示范县。它的县域旅游类型多样，旅游建设水平在我省内遥遥领先。2013年阳城县开始组织美丽乡村建设，并组织编制了《阳城县"美丽乡村"连片区建设总体规划》，开始了大规模进行乡村旅游标准化的工作。

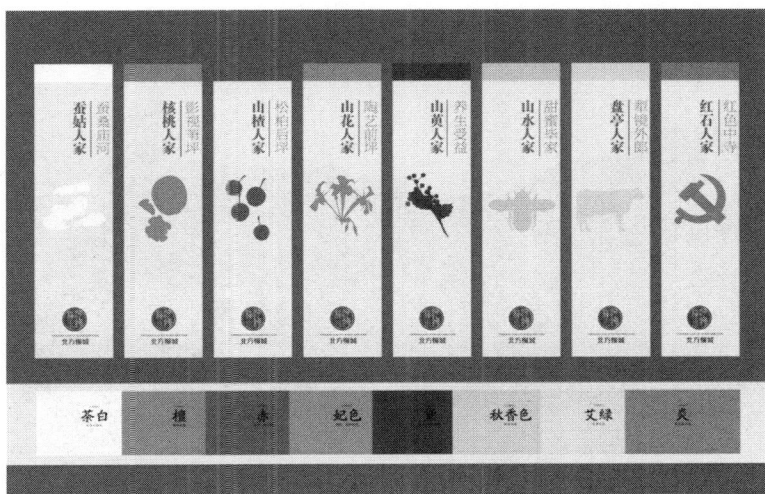

图3-14　来自于《阳城县横河镇美丽乡村策划文本》

2015年，阳城县采取实际行动推动美丽乡村建设。首先，县委、县政府把践行党的群众路线与"下基层、接地气、转作风、促发展"有机结合，科学提出了在县直单位科级领导干部中开展"结对帮建农家乐"主题实践活动。县委、县政府按照优先在景区所在村及周边村规划建设农家乐、优先在有积极性的农户中发展农家乐、优先在有条件的农户中发展农家乐、优先对二星级农家乐进行提升改造的原则，以北留、润城、横河、东冶、蟒河等5个乡镇为重点，采取"一对一""点对点"结对帮建方式。县委、县政府下发了《关于在县直单位科级领导干部中开展"结对帮建农家乐"主题实践活动的实施意见》，要求全县350多名科级干部对全县442户农户开展"结对帮建农家乐"主题实践活动。

由于措施得力，项目在2015年10月13日至16日验收时，取得了丰硕的成果。经验收，此次县直单位科级领导干部"结对帮建农家乐"活动帮建任务442户（北留镇131户、润城镇81户、东冶镇108户、蟒河镇58户、横河镇64户），实际验收433户，未建设的有9户（北留镇1户、润城镇5户、东冶镇3户），帮建任务完成率达到98%。初步完成建设任务的433户，合格的428户，不合格的5户，合格率达到99%。

图3-15 横河镇农家乐厨艺展示

其次，规范指导，确保高标准建设。县旅游局在与农家乐涉及片区相关乡镇主要领导充分讨论的基础上，编制了《阳城县农家乐（休闲旅游）项目申报标准》《阳城农家乐操作实务》和《阳城县农家乐星级评定及服务规范标准》等规范标准。

再次，针对性地开展培训，县旅游局全员认真学习了编制的规范标准，从内部打破领导分工、科室职责，将人员分为4个帮建活动组，主动与帮建单位、帮建乡镇和农户对接，对规范标准逐项进行讲解。并受邀在

图3-16　山里人家住宿内景

上庄村、蔡节村进行农家乐建设标准解读活动。这些规范标准的出台、主动的对接活动，确保了农家乐建设的标准化推进。同时，县旅游局对全县参加帮建活动的科级领导干部，进行了《阳城农家乐操作实务》宣讲，使帮建干部对农家乐有了感性认识。

第四，解决农户心理顾虑。帮建任务下达后，各帮建单位一把手都能够将思想统一到实践活动中来，将帮建活动作为单位近期工作的重要工作来抓，亲自带队深入各帮建农户，登门摸底，认真听取各户情况介绍，做记录，填写情况摸底表，对各户情况进行细致的了解。帮建单位和帮建人在帮建过程中，不仅献计献策，同时还根据单位和个人优势为农户提供政策、物资和资金扶持。各位帮建干部更是多次深入帮建农户，从改造方案的制定，从设施的购置，从标识标牌的制作等多方面进行全方位的帮助。面对那些对帮建活动持怀疑态度的农户，帮建干部给他们再三讲解县里的旅游思路、旅游发展方向，使农户真正看到了农家乐发展的趋势，增强了农户的信心，让农户真正自愿加入旅游行业。有些帮建个人，在农户资金困难的情况下，自掏腰包为农户垫付建设资金，通过人脉资源为农户搞建设。

第五，培训与建设同步。为提升全县农家乐综合服务水平，提高经营管理理念，面对阳城县农家乐培训的空白，县旅游局针对农家乐培训内容和方式进行积极探索。一方面旅游局与县人社局沟通，将农家乐经营人员培训纳入全县创业培训计划。对培训老师和培训课程都经过精挑细选，聘请了全市最优秀的创业培训讲师，课程侧重农家乐的经营、管理和服务。培训中，注重实效，不断完善课程设置。

第六，宣传与建设同步。为确保农家乐建成后有充足的客源市场，让广大农户通过发展农家乐得到实惠。县旅游局加大了农家乐宣传促销力度并将之列入全县旅游营销宣传范畴。印制了《"农家乐特色游"旅游指南》，在《太行日报》9月30日刊登《美丽中国十佳旅游县 山西阳城欢迎您》的专版，推出了山里人家自助游——横河，亲近自然休闲游——蟒河，古堡村落访古游——北留、润城，沁河漂流激情游——东冶四条旅游特色品牌。同时，各个帮建单位和个人也充分发挥自身优势，将帮建活动引入宣传促销方面。

（4）企业助阵有效推进

晋城是全省煤炭企业成功转型旅游事业的模范市，目前有9家煤炭企业介入旅游开发，例如，前文提到的三八煤矿介入珏山开发、竹林山煤矿介入蟒河开发，横河旅游虽然起步较晚，但却吸引了晋城本土国企山西阳泰集团的目光。其实，山西阳泰析城山旅游有限公司一直以来是析城山旅游开发的主体，2014年，为了配合县委、县政府美丽乡村的提议，成立了大析城山生态旅游区，为阳泰集团全资子公司。目前，公司已投资1.278亿元，完成了东门、北门上山道路工程和东门至北门林中路工程、回龙庙至麻地公路、北门服务区工程、碾腰服务区工程、北门蓄水池工程、盘亭大道（除路面铺设受土地手续影响外）工程、李疙瘩驿站工程、西哄哄驿站工程、水头农家乐工程、苇园坪休闲广场工程、小尖山改造工程、横邵路杜甲至省界（5.7公里）工程等等。未来，公司将在资金紧张的情况下，继续努力完成析城山横河乡村旅游的基础建设。

图3-17 春到横河

横河镇是一个偏远的村镇，但是它有蓝天白云，有一条条石板路和一个个淳朴的山旦人家，"公司+政府+合作社+农户"的模式正在悄然改变着每一个村庄。

农家乐建设，表面看是硬件设施的建设，究其实质是生活方式的转变。在建设过程中，农家院落由满足自身居住转向对外经营。游客的到访，影响和改变着农户。过去，农户院中的农具、杂物等以方便为由随处摆放，上厕所要跑到院外，起夜要打手电、用桶。现在，家家户户对农具、杂物都进行了归置，多数农户在房间、院内设置了卫生间。

通过农家乐建设，村集体也对村内的道路沿线进行了绿化、亮化、美化。多数村成立了专业环卫队，对村内环境实行责任区划分。由于村民意识的提高，现在，村内垃圾乱堆乱放的现象大大减少，过去的"三堆六乱"现象发生了彻底改变。

横河镇正在政府、企业、村民的合作共赢中悄然改变，我们有充足的理由相信，横河镇的乡村人家将以全新的姿态迎接八方来客。

3. 去亲近那条河——蟒河

（1）蟒河的自然山水

蟒河，是沁河的支流，发源于阳城县南。河流由北向南，流经河南省济源市、孟州市，最后在武陟县分为两支，分别流入黄河和沁河。蟒河之名的由来，流传着很多种说法。有的人认为，河流发源于大溶洞，洞中曾有巨蟒，因此得名为"蟒河"。而有的人认为，蟒河之名，得之于莽山，莽山之名，则又与王莽追刘秀的故事息息相关。

蟒河风景区就位于蟒河上游的阳城县。风景区内山峦叠嶂，有望蟒孤峰，也有湍急似箭的泉水、飞驰而下的瀑布、憨态可掬又调皮可爱的猕猴。此外，还有莲花峰、水帘洞、仙人桥、神龟池等小景观处处相连，都与古老动人的民间传说有着千丝万缕的关系。风景区内四季云缠雾绕，层林尽翠。登至风景区内的高处，极目远眺，可见重重山影龙盘虎踞，片片松柏如万里波涛。百丈悬崖处怪石嶙峋、山涧幽谷中泉清鸟鸣，参天古树

图3-18　蟒河山水

挺拔俊秀，妩媚山花争奇斗艳。

走进蟒河风景区，迎接人们到来的是座名为"黄龙庙"的庙宇，这座庙宇在历史上经过三次重修，最后一次是在清朝的咸丰年间。至今，黄龙庙里仍立着一块嘉庆年间的"绝兰碑"，上面记载着秦维俊知县冒死上奏皇帝，为蟒河老百姓免徐了长期进贡兰草的苦难差役的事迹。

在黄龙庙左侧的后大河上，有着蟒河瀑布群中落差最大的一处——天龙瀑布。从名字上看，就能想象这条如龙似虹的瀑布水势与落差之大。天龙瀑布落差在30米以上，流水从高处跌落下来，玉珠飞溅，远观仿若一条粗壮的大白龙，从半空中猛扑下来，直捣潭心，水声和着风声，震耳欲聋。天龙之侧，黑龙、黄龙二条瀑布，高悬于二沟之上，气势磅礴，蔚为壮观。这三条瀑布在这里汇合后，犹如三条巨蟒在此碰头，汇成了一条长流不息的蟒河，形成了一组不可多得的瀑布景观图。

在黄龙庙的东北方向，有一座拔地而起的山峰，这就是阳城旧八景之一——望莽孤峰，被当地人称为棋盘山。相传，西汉末年的"新"朝皇帝王莽和他的外甥、后来成为汉光武帝的刘秀，曾在这望莽孤峰的峰顶对弈，因此，此峰以两人在此以棋定天下而闻名。另一种说法，据《孙子兵法》记载，春秋战国时期用兵如神的鬼谷子，曾在此峰顶用棋子演绎行军布阵图，因而得名。所流传众多版本的说法虽然都无法——考证，但登上孤峰，仅有50多平方米的峰顶，的确有一块大小约4平方米大的巨石，光滑的石面上还隐隐约约可以看到传说中的棋格，这大概就是当年的棋盘了。周围那匀称石块又好像他们当年坐过的凳子，而随处可见的各色小石子便是当年他们所用的棋子。如今的峰顶已是见不到古人们挥斥方遒、指点江山。但登上这长满了灌木的峰顶，依然能感受到不减当年的气势。曾有清代诗人杨柏朋深赞此峰："遥从天际望晴空，望莽孤峰气概雄，远岫周遭如列帐，小山旋绕合为宫。全无依傍超群垤，时有烟去在下风，为问高标谁是伴，老松冬岭正青葱。"

从黄龙庙处沿着河流向北走，就步入了蟒河的峡谷风光区。一路走过，无不体现着奇、幽、秀、险的景致，无怪乎蟒河一直享有"北方小桂林"之美誉。水清如碧玉，山秀如诗画，有山皆奇，有水皆秀，鬼斧神工，妙境天成，浑然天成的一幅仙山圣水的自然画卷。并且在20世纪90年代末，旅游规划专家组对蟒河进行考察时，卢云亭教授在此发现了数百万年形成的地表钙化景观，长约近20华里，被有关专家称为中国东部唯一的钙化型峡谷景观。

（2）蟒河中的生灵

蟒河风景区内分布着两百多种动物，其中，最引人注目的是这里有国家二级保护动物——猕猴，并且蟒河也是猕猴在我国地理分布的最北线。这类活泼欢快的小生灵藏于密布的猴山树林中，当有游人现身时，还会时不时穿梭在树木林间，飞快地来到游人面前讨要吃食，十分顽皮。相传，在唐朝时，药王孙思邈曾在蟒河河境内遇险，后被群猴所救，因此至今仍流传着群猴救药王的故事。

走过猴山，拐一个弯，就会看到一座俨然像壮汉的石山，被称为石人山。石壮汉矗立在半山腰，凝神注视着周围的动静。石壮汉外形刚劲威武，颇具气势，威风八面。而在石壮汉一侧的就是石斧山，插立山坡之上，斧头高举，寒光四射，充满杀机。相传此石壮汉便是除蟒害的义士，石斧便是他在蟒河流域内一座名为小尖山的山。当年几经鏖战，最终战胜恶蟒，将其赶入水中并藏于水洞，石壮汉便手执巨斧，立于山腰，威镇恶蟒。哪知这守护长达数千年。据说每隔六十年，巨蟒就要出来兴风作浪，届时石壮

图3-19　蟒河生灵

图3-20　蟒河植物

汉手持石斧与巨蟒搏斗的惊心场面还会重现眼前。

经过石人山，穿过千佛壁，就来到了翡翠潭。翡翠潭是一汪碧玉，且平静如镜。潭水中匿了一座绿树成荫的小岛，人称仙人岛。附近，一座曲折小桥，飞悬于绿水溪流之上，由于周围环境清幽，鸟语花香，流水潺潺，这座小桥被当地人称为仙人桥。仙人桥的整体并不是由砖石、木料之类的建筑材料构成的，而是完全由水中的钙化物经过上万年凝结形成。人说，登上仙人岛，跨过仙人桥，便可立地成仙，实为升仙之捷径。人们来此，虽不能平步青云，但小桥、流水、飞瀑、绿岛的景致，也让人仿若游于仙境，陶醉在这山水之中。

跨过仙人桥，便行至水帘洞。蟒河发源于山洞中，离洞口不远处，蟒河就拐了个弯，化作两股瀑布，飞流直下深渊，在峡谷中激起震耳欲聋的流水声。而在两股瀑布之间，有块约两丈宽的钙化石突出，细流遍布其上，欲断不能，欲滴不尽，便织成一道水帘。透过水帘，隐隐约约可见其间一直径丈余的石洞，深浅莫测，仿若巨蟒张开的大口，令人心惊胆战、毛骨悚然，这便是蟒河壮景——水帘洞。远望此景，水似长空线断，撒下万斛明珠，像织女机杼，裁下百幅锦缎。碧潭峡谷中水雾升腾，银波翻溅，金鼓齐鸣，时有野猴觅水于此，妙景天成，美不胜收，使人流连忘返。

蟒河不仅仅是动物们的乐园，也是八百余种植物的家园，其中，就有北方极少见的亚热带树种、国家一级保护植物——红豆杉。红豆杉的树皮呈红褐色，叶呈双面梳子型，树冠枝杈自然分布。金秋时节，红豆杉枝叶间会结着一串串红红的果子，玲珑剔透，圆圆的，黄豆大小，像红色珍珠一样美丽，摘一颗尝尝，酸甜酸甜，味道清香。此外，药用价值极高的山茱萸也在蟒河分布广泛，因此蟒河还有着"山萸之乡"的称谓。春季，万物还在沉睡，满山遍野的黄色山萸花却竞相开放，秋季，一枝枝，一串串红色的果实让人垂涎，摘一棵山萸仔细端详，果子呈长圆形，柔软光滑、玲珑剔透，放入口中品尝，又酸又涩的。据《本草纲目》等名家药典介绍，山萸肉是种珍贵的中草药，它可补肝益肾，滋精补汗，是中老年保健之良药。

再往前深入前行，穿过了水源洞、红豆杉之后，莲花峰便映入眼前。沿悬崖峭壁之上行近千米俯视莽山，群峰突起间，五峰碧绿，排列有序。居于中位的山峰，恰似莲花心，四周无数山梁将其组成了形象逼真的莲花瓣。当云海升腾时，山峰顶露，形似一朵玉莲，浮动其中，秀丽异常。相传王莽追赶刘秀时，刘秀匆忙逃奔到此，眼见前方群山茫茫，似乎无路可走。正犹豫之际，忽见山顶处莲花上端坐着一位仙人，手指前方，再定睛看时，那仙人已飘然而去。莲花宝座却永远留在这里，形成了现今的莲花峰。

（3）蟒河生态旅游区

蟒河生态旅游区位于晋城市阳城县东南40公里处，总面积120平方公里，其中保护区面积55.7平方公里，是国家森林公园、国家级自然保护区。2006年，在阳城县委、县政府的大力支持下，阳城县竹林山煤炭有限公司取得了蟒河生态旅游区50年的开发经营管理权，翻开了蟒河旅游业发

图3-21　签约仪式

展的新篇章。

2007年，经工商部门审核批准，山西阳城蟒河生态旅游有限责任公司注册成立。2009年，蟒河生态旅游区被国家旅游局命名为"国家ＡＡＡＡ级旅游景区"。2010年，蟒河生态旅游区正式开园营业。

蟒河开发7年来，仅当地村民参与建设的劳务性收入总额就高达5000余万元，带动蟒河村及周边村镇人均收入超过2.1万元，解决当地60%以上人口的就业，实现了"开发一地、帮扶一片、造福一方"的开发初衷，促进了当地经济的发展。翻阅蟒河生态旅游区的工作简报，竹林山对蟒河的改变主要从以下几个方面入手：

第一，加强规划建设，提高管理水平。

一是高起点编制景区规划。规划编制工作以招标的形式进行，邀请省内外旅游、生态保护等方面专家对应标单位的规划文本进行评议打分，然后由中标方根据专家提出的意见，吸纳其他应标方的精华进行修改，这样更具科学性、合理性，从而使景区的开发有了科学的依据标准。景区先后编制了总规、详规、重要功能区域规划、5A提升纲要、市场营销策划等规划。二是建立和健全各项规章制度。阳城蟒河生态旅游有限责任公司下设六部一室，分别为市场部、接待部、服务部、安保部、工程部、计财部、办公室，目前共有280余名管理、服务人员，以及80余名环卫人员。各部门制度健全，职责明确，接待服务规范，游客口碑良好。同时公司注重建立良好的运行模式和规范的操作流程，编制了《制度汇编》及《员工手册》，保证了景区管理的科学化、程序化和规范化。三是加强员工培训。为不断提高服务质量，公司制订了培训计划，针对质量、营销、安全、导游、卫生、环保等有关知识进行培训，并有严格的制度与明确的经费作保障。四是规范景区经营秩序。对区内购物场所实行统一管理，要求经营户挂牌经营、文明服务，所有商品质量可靠、明码标价，确保购物场所环境整洁、秩序良好，杜绝围追兜售、强卖强买。

第二，致力交通建设，构建畅通旅游。

外部交通方面，蟒河生态旅游区拥有直达景区的西蟒旅游专线公路，2006年投资建设了康凹至猴山11.4公里的山岭重丘四级公路，先后又增设边坡防护网，提升护栏，安装路灯；目前，南泌南环线也已投入使用，进一步提高了景区的可进入性。南北入口分别拥有可直达的市内旅游专线和县内公交线路。停车场方面，在已有的45000平方米的生态停车场基础上，增加多处临时停车场，停车位由1300个增加到2800个。景区游览线路方面，改造提升旧步道3000米，新修步道5500米，所有人行观光步道全部以贴近生态、舒适安全为标准，进行环线铺设。

第三，严格资源保护，提升生态质量。

一是加强环境监测，保证空气质量达到国标一级标准，噪声指标达到国标一类标准，地表水质量达到国标规定。二是保护风景资源，加大对主要景观、生态、文物、古建筑的维修与保护力度，同时注重保持真实性、完善性及和谐统一性。三是采用环保型设备，景区观光车使用清洁可再生资源，区内无不可降解的一次性餐具等非环保型材料。

第四，完善基础设施，营造旅游环境。

在全面推进创

图3-22 蟒河小火车

建省级休闲旅游度假区的工作中，蟒河生态旅游景区从人文关怀出发，切实加强景区游览设施建设，进一步完善基础设施。一是完善道路交通标识，在区位道路沿线安装景区指示牌，在盘山公路增加减速慢行、全线禁止超车、停车等安全提示牌。二是对游客服务中心进行功能分区，分设影视厅、休息处、咨询台、售票口、医务室、导服中心等。三是完善景区标识系统，精心制作、合理布局导游全景图、导览图、标识牌、介绍牌等。四是修建3处污水处理场，对生活污水进行清洁处理。

为营造良好旅游环境，景区一方面狠抓卫生监管，设置了数量充足、布局合理的垃圾箱，并有专职环卫人员实时保洁，做到了垃圾日产日清，及时回收，无公害处理，不留陈旧垃圾。公共厕所卫生整洁，流水通畅，极大地满足了游客需求。另一方面狠抓景区安全管理，设立安保部、警务室，制订各类安全管理制度及相关安全处置应急预案，组织安全知识培训，进行各类安全应急演练，签订了安全责任状，并在主要景点及游客集中区域放置消防设施、防汛设施，开辟紧急疏散步道、场所等，为游客的游览提供了全面的安全保障服务。

第五，提升接待能力，健全服务功能。

蟒河生态旅游区休闲度假功能完善，要素齐全。洪水接待中心、闻瀑楼宾馆、农家乐共计可接待游客1200余人。2015年，景区已经开始投入运营的明秀苑宾馆，为游客提供会务、健身、休闲度假场所；投资1.5亿元的卧龙湾度假区正在如火如荼地建设中，届时将形成综合服务区、商务休闲度假区等功能格局，成为华北地区首选的滨水休闲度假胜地；投资1.49亿元的桑林风情小镇正在由规划向基础工程建设过渡，为游客提供停车、购物、民俗旅居、会务等服务。随着"大蟒河"体系的形成，景区高、中、低端休闲度假场所将全面完善。

景区交通方面，低碳、环保的观光车，不仅为游客提供了交通服务，其所具有的趣味性更是让游客乐在其中。除横向旅游交通外，景区为打造纵向旅游线路，即将开发索道项目。

旅游产品方面，先后引进猴艺表演、蟒蛇展示、蟒河鼓书、阳城曲艺等表演项目；开辟多处水面，购入水上自行车、乌篷船等水上娱乐设施；开放山庄乐园KTV，开发冷餐会、篝火晚会等夜间娱乐项目；景区峡谷览胜区（后河背至秋树沟水面）1.8公里河道漂流项目正在抓紧时间设计，游客参与、互动性项目将逐渐增多。

为满足游客购物需求，景区与蟒河村合作开发，在地方土特产上下功夫，形成了山茱萸、山木耳、山核桃、冬凌草、五谷杂粮、土鸡蛋、山萸酒等系列产品，并重点开发猕猴主题毛绒玩具，深受游客喜欢。

（4）生态与人文的共建

旅游带给旅游地经济效益的同时，对自然与人文的保护理应给予相应的重视，不能因眼前的旅游效益而罔顾对资源的保护，而这保护不仅仅是对生态环境的，还应包括对所在地人文环境的。卢瓦尔河谷就是自然与人文原真性保护最得当的地区，并且旅游业与当地形成了良好的循环效益。

卢瓦尔河谷是法国最大的旅游景区。"和谐"也许是这里最显著的一个特征，无论是建筑在河流上的城堡，还是隐藏在深林中的花园，沿岸分布着大量历史名镇和村庄、雄伟的建筑古迹，人文风光与大自然在卢瓦尔河流域完美地结合。因此，卢瓦尔河谷有着"皇家后花园"的别称，卢瓦尔河也被誉为"西欧最后一条野性之河"。

早在20世纪80年代，法国当局决定加强对卢瓦尔河的治理，通过修建四座水坝来提高蓄水和防洪能力。然而，水坝的工程建设却给卢瓦尔河流域造成了严重的生态影响。由于卢瓦尔河流域生活着大量珍稀动植物，卢瓦尔河谷是它们重要的繁殖、觅食和栖息场所。于是，法国政府在1994年发布了"卢瓦尔河大自然计划"。计划包括放弃三座大型水坝项目，提出洪水管理的替代方案，并且废弃两座水坝以恢复鲑鱼的洄游通道。该计划在以下几个关键方面发挥作用：首先，提高了洪水风险的安全等级，并且加强了对水资源管理。其次，恢复了自然水生环境和乡村面积，以及加强对卢瓦尔河遗产的保护。通过制定和实施的大自然环境恢复计划，采取了土地控制、恢复和管理措施，并提高了相关协会和地方政府对此的认识。该计划涉及对完全不同的自然环境，并成功实施，这使卢瓦尔河流域的生态系统得到逐步恢复。

遗产保护方面，政府对遗产保护制度的制定也在不断深入，对遗产的保护由点到线，最后成面的方法也在不断完善。法国在20世纪80年代，就提出了"建筑、城市和风景遗产保护区"的保护方法和制度，具有较强的导向性。卢瓦河地区的卢瓦埃镇是受益地区之一，该镇根据自身遗产分布相对分散的特点，设立了多个大小不等的保护区。

旅游开发的营销推广方面，由于在法国，有很多具有特色的村落，但这类村镇规模小、知名度低。于是，在1975年，鉴于彼此村镇都拥有丰富的建筑遗产但缺乏保护的经费，于是联合起来创设"特色小城"称号，并制定质量章程，希望以联盟的力量来推动古镇的遗产保护事业。包括卢瓦尔河大区的四个"特色小城"协会的代表，联合签署了"特色小城"全国质量章程，标志着法国各地的"特色小城"网络在走向统一的道路上迈出了关键的一步。

"特色小城"称号推出至今，已发展成为一个很有影响力的品牌。这些古镇在各自所属的地方协会的带领下结成一个个区域性的网络，在遗产保护、旅游发展等多个方面取得了显著的成效。"特色小城"网络在其他方面还产生了积极影响。法国乡村地区的空心化现象由来已久，很多村镇人口稀少，大量老屋闲置乃至荒废，而"特色小城"力推的维修民居行动在改善古镇居民居住条件的同时还有助于增加出租房屋的供应量，租户的到来能增加古镇的人口，提升古镇的人气。促进了古镇商业和服务业的发展，给当地增加了就业岗位。并且还改善了古镇的居住条件，提升了古镇的人气，带动了周边乡村的发展。

4. 那里的月亮更圆——珏山

（1）珏山与珏山景区

珏山，居于晋城市区东南方向的丹河南岸。而丹河，就是沁河的重要支流之一。相传，早在战国长平之战时，秦将白起坑杀赵卒四十万人，原本清澈的河水被鲜红的血液所染红，丹河之名由此而来。珏山，这座位于

图3-23　珏山双峰

太行山脉上的山峰，主峰海拔高900余米。由于它的山体像个三角形，又有人将其称之为角山。珏山的"珏"，本意是合在一起的两块玉，此山有双峰对峙，宛若一对碧玉镶嵌在太行山上，因此得名为"珏山"。珏山雄奇险峻，自古就有"晋魏河山第一奇"的美誉。珏山上"珏山吐月"的夜景，堪称是晋城四大名胜之一，有着"天下第一赏月名山"的美誉。在珏山上，佛教和道教香火不断。由此观之，珏山称得上是自然景致与人文风情皆具的晋南名山。

　　珏山脚下有座青莲寺，与珏山隔丹河而望。青莲寺分为古寺、新寺两处，有些许距离，分别属于佛教的天台宗和净土宗的道场。创建于北齐的古青莲寺，就依丹河伴山势而建。这座唐朝年间被重修的寺庙，因寺内塑有释迦牟尼端坐于莲花座的塑像，因而得名为青莲寺。古青莲寺西侧立着唐代建造的惠峰石塔，东侧则有明代的砖砌藏式佛塔。新青莲寺则建于隋唐，属于净土宗，弥勒净土派。北宋年间被御赐名为"福严禅院"，到了明代又称青莲寺。新青莲寺的修建，与净土宗的创始人慧远，在此处的活动有着千丝万缕的关系。

　　每月农历三五之夜，站在山脚下青莲寺内的款月亭中举目遥望天穹，一轮巨大的圆月洒着银辉从珏山双峰间冉冉涌出，仿若从龙口里吐出的水晶盘子，如水银泻地般的月光将天地间笼罩在银幔中，周围的山、林、水、寺浑然一体，似在银海波涛中飘摇，被月光泼泻得银光闪烁。而珏山双峰则被裹在轻纱似的月色中，勾勒出其绝美的形胜，朦胧迷离，隐约若天宫。双峰伸展开两只巨手，轻轻地托出了月亮，天上的星星隐去了身影，明月悠悠升上了高空。这就是历代咏叹的晋城名胜"珏山吐月"，又谓之"双峰捧月"。

　　山脚下向上仰望珏山，绵延起伏的山势让人心驰于山顶上的风景。行走在珏山途中，奇山、秀水、雄刹、古观、名树、山花步移景迁，仿佛置身于万花筒中变幻无穷。而这些层层叠叠的山野风景，在天地之间勾勒出重重叠叠的画卷。细细游赏珏山，这样的景致也令人难以忘怀。

　　1996年，珏山就开始了旅游开发，设置了珏山景区。但珏山景区的快速发展、珏山文化的悄然兴起是近几年的事情，它源于珏山所在泽州

图3-24　丹河风光

县的政策引导，也买自于投资珏山景区建设的三八煤矿资源渐近枯竭，转型面临客观压力。拥有53万人口的山西省晋城市泽州县素有"煤铁之乡"的称号，是典型的资源型经济县。随着煤炭资源的逐渐枯竭和国家产业政策的调整，曾经为地方经济发展做出重要贡献的资源型经济发展模式，面临巨大挑战。作为资源型地区，转型发展不仅意味着解决地方经济持续增长的问题，也是解决未来人民生活的质量问题。任何一个地方的转型发展都是一个痛苦的抉择和艰难的蜕变过程，但泽州先行一步，为其他资源型地区的转型发展树立了榜样。2009年，晋城市泽州县提出了"一矿带一企""黑色变绿色"的转型新举措，外引内启，鼓励全民创业，成为晋城市、山西省转型发展的样板地区。距离晋城市10公里处的珏山景区就是"一矿带一企""黑色变绿色"的典型代表。从三八煤矿正式组建珏山旅游公司至今，投入的1.5亿元开发建设资金已经让珏山发生了翻天覆地的变化。珏山景区的崛起在晋城并不是个案，王莽岭、皇城相府、蟒河景区、黄围山、长平古战场等晋城旅游开发的大项目无一例外，都有煤炭企业的支撑。

（2）从珏山吐月到"泽州中秋习俗"的国家非物质文化遗产

游览珏山要知道珏山最值得看的是什么？进入珏山景区的入口处，一副对联便让你明白了其中的答案：

> 青莲叶下扶禅理
> 碧玉峰头捧月华

这是珏山景区入口处汉白玉门楼上雕刻的对联。上联自然是指紧临珏山，与珏山形成天人合一景观的青莲寺，下联则是指珏山风景中最美的一景"珏山吐月"。"珏山吐月"，早在明代时就被列为"泽州八景"之一，赏月是中国人的习俗之一，通常人们借月的阴晴圆缺来表达对家人、爱人、朋友的感情。据青莲寺宋元符元年（1098）石柱题记记载：泽州通判段约同晋城令耿敏、县尉黄叔敖等"步月临流，传觞赋诗"。金代状元李俊民在中秋节游珏山赏月有"山吐三更月，松摇万壑风"的诗句。金代泽州刺史许安仁在中秋节游珏山赏月留有"今宵掷笔台边月，来照幽人物外游"。明嘉靖三十三年（1554）摩

图3-25　中秋珏山月

崖碑刻记载曰："每岁中秋，月从珏山所出。"明嘉靖三十五年（1556）《创建珏山一天门记》碑文记载有："俗传每年八月望，月忽自中出，谓之珏山吐月，亦游观之胜景也。"

　　赏月之处必寻珏山。珏山上的碑刻记载着赏月的历史，珏山上的亭台楼阁则告知你最好的赏月地点。珏山共有三个天门，由西南向东北依山而建。月老亭在第一个天门，从西顶去往正顶的途中，有座名为"过月亭"的四柱亭子，每到三五之时，圆月都会穿亭而过，直射青莲寺，形成了天下奇观。亭内墙壁有乾隆年间的"双峰捧月"和18位举人秀才题诗的石刻碑记。

　　珏山旅游公司接手珏山景区管理以来，在挖掘赏月文化方面，坚持不懈地做着许多传统文化寻力及文化营销工作。

　　2007年，在文化挖掘方面，公司从职工中抽调出精干人员对山上的碑刻进行了拓印，对部分碑刻资料进行了整理。目前，已拓印回碑刻拓片53份，其中：游记碑2块、题记4块、诗碑6块、神台绘画碑4块、人物摩崖画像2块、功德记事碑35块，已整理完毕的碑刻26块，并已打印成册，为研究珏山、认识珏山提供了可靠的实物资料。

　　2008年，景区经营由过去的非正规管理转向正规的营销策划活动上来。首先，成立了营销机构，组建了营销队伍。营销部由1人发展到12人，并配备了营销专用车。当年公司利用珏山吐月这一特有的景观文化

大做文章。一方面委托相关专家对珏山月文化进行深度挖掘。通过景区申请、专家论证、政府部门审核，珏山成为山西省民族传统节日中秋节的保护示范地。另一方面，按照保护示范地的要求，以珏山为载体，成立了泽州县民俗研究会。在深入挖掘珏山月亮文化的同时，编辑出版了《灵瑞珏山》和《珏山历代诗抄》两部书。经过深入的研究和论证，积极地申请，珏山吐月的故事和泽州中秋习俗两项进入晋城第二批非物质文化遗产名录，作为晋城市非物质文化遗产的重点保护对象。

2009年，公司利用珏山吐月这一珏山特有景观文化大做文章，进行深度挖掘。在《珏山历代诗抄》等书基础上，又系统收集了珏山景区的人文传说，编印了《问道珏山》《珏山神话传说故事》和《老子安天记》三本书。为各殿、庙、亭安装了对联和匾额，美化了殿堂，丰富了景区内涵。

自2000年开始，珏山已经连续15年举办赏月文化节。2009年，国庆中秋两节重合，公司更是借助这一难得的机遇组织了一系列的以中秋月亮为主题的活动：举办了迎月、拜月、送月晚会；邀请山西省国家非物质文化遗产项目在珏山汇演；组织召开了中华民族传统节日——中秋节示范基地高层论坛；举办了登山比赛、篮球赛、摄影大赛、太极拳大赛等活动，丰富了节日的文化生活。除此之外，公司还组织举办了"浪漫七

图3-26　泽州中秋习俗——祭月仪式

夕、情定珏山"活动，延伸珏山月老文化。

2010年，珏山被国家文化部命名为全国中秋习俗示范地。2011年，国家非物质文化遗产保护项目—"泽州中秋习俗"示范地落户珏山。

（3）月亮更亮

珏山有"六绝、四美、二奇"，让人叹为观止。双峰之峭、吐月之妙、红叶之美、峡谷之幽以及大桥之雄被称为珏山的"六奇"。珏山的四季景色各不相同，春到珏山鸟语花香，夏到珏山避暑纳凉，秋到珏山红叶尽染，冬到珏山银装素裹，被誉为珏山的"四美"。龟山的惟妙惟肖之奇，珏山吐月之奇则是珏山的"二奇"。这些绝美的自然景色在珏山旅游开发中不但没有因为开发而破坏，而且存在于传统故事里的自然美景在珏山旅游的当下重新回到了人们心中。

为了更好地保持原始生态环境，在开发中突出珏山特有景致，公司从接手景区管理以来至今，对珏山的生态环境维护做了大量的工作。2007年，公司投资100余万元，用于景区绿化。现在，珏山大停车场郁郁葱葱，松风阵阵，给人以完美的视觉享受。宾馆绿化，布局合理，种植树种高低错落有致，真正达到了开窗就可见到绿，仿佛徜徉在绿色的海洋之中，让游客体味贴近自然、贴近绿色的感觉。索道站的绿化一直是景区绿化的一个重点，2007年公司下大功夫对索道沿线的支架进行了绿化，对索道上下站周围种植了草坪。在索道停车场修建了高标准的塑胶地面篮球场，景观与景色更加协调，为珏山景区提供了新的休闲娱乐场所。同时，投资20余万元，配备锅炉除尘设备，配备了锅炉操作专业人员，使锅炉能够在取暖期来临之际正常供暖。通过一年的整体环境治理，使景区的生态环境得到了有力的改善，没有因建设而使珏山的自然环境遭到破坏。相反，环境比以前更美了。

植树节是最好的发动大家进行景区环境改造的季节，珏山旅游公司在4公里旅游公路沿线种植各类树木2000余棵，形成珏山旅游生态长廊。而且，对新建售票房进行绿化。在国庆、中秋节两节对景区大停车场和宾馆等地进行鲜花装点，使节日的珏山变成绿的世界、花的海洋，为客人提供了舒适、温馨的游览环境。

2012年，公司加大环境整治力度，使各区域、各场所的旅游环境和工作环境均有较大的改观，种植银杏树34棵、黄栌5350棵、其他各类树木3.3万株，绿化面积2000平方米，完善了景区各类标识牌100余处，为打造环境友好型景区的建设奠定了坚实的基础。

（4）改善赏月基础设施

景区基础设施的投入是巨大的，从经济回报的角度而言，无论是山水类还是人文类景区的大规模基础设施建造的投入，与每年千万的门票收入相比，都是微不足道的。但是基础设施的改造无疑为远道而来的游客，或是邻近居住市民提供了观赏自然风景、体验地方文化的前提条件。好的基础建设是出于便利考虑的，更是出于安全考虑的。珏山景区对珏山基础建设的投资持续不断，至今已达到数亿元。2007年，公司在基础建设方面，主要还是以宾馆为突破口整体展开。起初只是投资1000余万元对建成的珏山宾馆进行装修。经过4个月的紧张施工，珏山宾馆的装修于当年国庆节前夕结束，具备了开业接待游客的能力。建成的珏山宾馆，环境幽雅，地理位置优越，处于珏山腹地，交通十分便利，集餐饮、住宿、休闲、娱乐、会议召开为一体，可同时为300人提供就餐服务、200人提供住宿服务。

2008年，完善"三顶"景区，开发蕴月河谷。珏山入口服务区是控制景区交通和出入的咽喉部位，对景区发展具有重要的战略意义。经过一年的艰苦努力，完成了场地平整，综合接待楼的一层主体框架浇注完毕，公厕及相关配套工程已经完成。入口服务区占地面积14亩，建成后将具备停车、住宿、候车、购物、售票等功能，能够同时容纳10辆大巴、30辆小车，可以有效缓解景区内的停车压力。除此之外，景区还进行了二天门的修缮以及景区2#旅游公路。索道站至石涧沟的景区2#旅游公路是增加旅游项目、扩大景区面积所必需的基础性工程。投资400余万元铺装硬化了该公路，公路全长4公里。同时，完成了1.5公里丹蕴月景区下河步道和2公里长的天子岭景区登山步道。步道建成后，蕴月谷景区、天子岭景区和"三顶"景区道路网络将基本形成，景区交通条件将得到根本改善。

2010年，景区做了基础配套的七大工程。一是改造颐和广场，满足创建需求。公司对颐和广场进行回填，使广场面积扩大三倍。同时，修建接待中心和商业用房。目前，接待中心、舞台和场地硬化已按照5A景区要求完成，并投入使用。二是修建蕴月湾，延伸天子岭。2010年，公司整修蕴月湾河道2公里，完成堤坝、栈桥、水帘洞、拦河小坝、谷底广场、园林步道、索桥、景观小品、涉水汀步等工程。同时，修建天子岭旅游公路延伸段和天子岭索道。三是增加游客住宿面积，对宾馆2#楼进行整体改造，使宾馆床位由不足百只增至三百余只，缓解了团队住宿的难题。

2011年的基础建设投资是最大的，达到7401万元。一是月容山庄主体建筑告竣，装修和配套设施陆续进行；二是颐和广场及音乐喷泉工程建设完成，已正式投入使用；三是在西侧接待中心用房投入使用的基础上，完成了东侧商业用房的装修，同时将东侧商业用房进行了统一规划，开辟为游客服务中心、团队餐厅、晋城风味餐厅等，满足游客不同层次的消费需求，突破了景区就餐、购物、消费的瓶颈；四是完善了蕴月湾景区的配套设施，在两公里河道增加蕴月湾赋、蕴月湾三字等大型摩崖石刻；五是文化艺术馆、地质博物馆开工建设；六是为提升接待能力，公司对办公区的接待楼进行改造，变为经济型宾馆，使景区的床位数量增至四百余张，提升了珏山宾馆的住宿接待能力；七是投资100余万元对公路沿线安装了护栏，对容易落石的山体铺设了防护网，有效地保证了游客的安全；八是完成了天子步道建设、天子岭索道及配套工程、红线长廊、天子山庄的场地平整、天子岭道路延伸段及设施配套、南顶扩建、修仙洞修复、远公说法台开发等项目；九是完成了景区景观营造及植物配置总体规划的评审，并对停车场和办公楼进行了绿化，在这两个区域种植了银杏树、雪松等名贵树种，使景区环境更加舒适、整洁。

名目繁多的开工建设、竣工验收项目，看起来琐碎而没有头绪，但是对于珏山景区的建设和完善而言，改善游客进入、提供游览便利、提高住宿和餐饮的服务标准，这些都是景区建设的必备基础配套。通过这些基础设施的提供，珏山景区成为可以风景留人、文化留魂、服务留客的中国百家避暑名山。2013年，珏山景区通过了国家标准化委员会"国家级旅游服务标准化试点项目"的验收。

安全是景区的生命线，无论出于对游客生命的尊重，还是对景区持续发展的考量，珏山景区管理都将安全作为首要事物，管理制度化是珏山景区保证安全无事故的基础。数年来，景区严格按照《安全生产法》《珏山景区安全保障体系》的要求，贯彻"以人为本、关爱生命"的指导思想，遵循"安全第一、预防为主、综合治理"的工作方针开展景区安全管理工作。逐层签订《安全管理目标责任书》，进一步完善珏山景区安全保障体系。公司各级管理人员特别是部门经理率先垂范、严格执行各项规章制度。以标准化推广为契机，时刻把安全稳定发展放在首位，全面深入细致地制定和落实好各种安全管理预案。并及时进行隐患排查和专项整治，定期举办各类安全演练，做到早发现、早排除，特别是做好防火工作，坚决杜绝不安全事件的发生，形成全员抓安全的良好的氛围，确保景区旅游安全目标的实现。

制定安全措施，健全安全体系。在大型活动期间，公司都严格按照安全管理的目标，周密制定并认真实施各类活动方案，明确分工。为了提升景区应对突发事件的能力，与公安、消防、质检等部门联合开展了节前消防演习、索道救援演习。同时，结合景区植被覆盖率高、防火形势严峻等实际情况，对山上亮化线路进行地毯式排查、对重点区域的进行巡查，及时整改和消除隐患，预防了火灾的发生。而且，下发《餐饮和摊点食品卫生整治工作的通知》《景区防汛应急预案》《景区森林防火预案》等文件，委托相关专家编制《景区旅游安全综合应急预案》，完善了景区安全管理的体系，提高了景区防范安全事故的能力。2014年，景区没有发生一起旅游安全事故，有效处理各类旅游纠纷数十起，为游客提供救援帮助十余次。

采取切实可行的措施，为节日高峰期间提供了可靠的安全保障。五一、十一等节假日期间，公司加强巡查，及时疏散客流，从煤矿调来100名保卫人员，补充到一线，参与景区秩序的维护，并将景区后勤50多名职工补充到景区入口服务区、停车场、索道站、游客服务中心、餐厅等营运场所工作，确保了节日期间的平稳运营。

　　沁河流域的山水之美在于山石、溪流、生物的独特性，也在于时空变幻时，山水呈现出来的变幻之美，更在于将山水之美尽现在世人面前的当地人的奉献之美。人与自然在这里实现了和谐相处，互益共生，也将他们对生态保护与开发的经验与教训留给了我们。

四、民俗与信仰，生命永存

这个世界上大抵有了人类就有了保佑万物的神灵。敬畏神灵的日子里人是幸福的，也是有艺术的，就像佛像和壁画。

就艺术性来说，我们熟悉的那些经典，比如敦煌、云冈石窟，就算是民间的庙宇里的雕塑，其达到的辉煌程度后人也是难以企及的。神灵的出现是人类智慧初开、思维最简单直观也是最富有幻想的时期；是人类生存能力薄弱，难以克服对自然的畏惧，依照个人的好恶，用简单的因果推理想象出的结果。有了神为中心的故事便有了神的灵迹，接着便有了安放神的庙宇。这无疑让我们感到了遥远的空间和同样遥远的时间里，有一双慧眼无时无刻不在约束着人们的行为，满足着你所期许的未来。

沁河流过，有多少神的存在又有多少的庙宇？沁河流域古称为"上党"之地，上党是神灵的故乡。在中华史前神话传说中，上党神话以其源流之原始、密度之集中、内容之详备，占据着举足轻重的重要地位。拂去岁月的尘封，穿透时空的阻隔，我们仿佛看到那一个个的神灵，已经渗透到民众的意识里灵魂中，贯穿到百姓生活的方方面面，同时也折射出沁河文化的源远流长。

1. 让心静下来——青莲寺

清晨，细雨，在离晋城东南十几公里远的硖石山谷中，寻到了青莲寺。萦绕在云雾中的古寺还在睡梦中，蒙蒙细雨中穿过郁郁葱葱的树林，心里竟然有种要出世的感觉。丹河在山前弯过，山坡上有一道红墙，墙内立着一座砖砌藏式白塔，这便是青莲寺。青莲寺位于晋城市区东南17公里的泽州县铺头乡境为，依山而立，丹水流碧，殿宇楼阁隐现于层林翠绿之中，像从四周山势中出水的莲花，尽占江山风月之胜。寺内古柏银杏参天，环境清幽，风光秀美，是我国佛教弥勒净土宗最早的寺院之一，以"文青莲，武少林"享誉中原，现为全国重点文物保护单位。

（1）"文青莲，武少林"之说

乔新编著的《珏山》中有这样一段描述：北周武帝大举禁佛之后，

寺僧不敢公开传经布道，少林寺弟子便学些强身健体之术，逐渐成一派，名声日盛。社会上一些想习武之人，便跑到少林，剃度为僧，拜师学艺。而青莲寺当时以习文为主，在寺内设有书院，专供读书之用，教寺僧琴棋书画，吟诗作赋。社会上一些想习文之人，便不远千里来到青莲寺，为僧为尼，孤灯夜读。也有一些社会名流，或避战乱，或寻安宁，到青莲寺隐居，潜心钻研书道。自此，少林寺武功代传，青莲寺文才辈出，这或许是渊源所在。唐咸通八年（867），唐懿宗李漼敕赐"青莲"为额。皇帝亲赐寺名，那是何等荣耀，由此青莲寺更加名声大振，与比其早建50余年的少林寺齐名。此后，一文一武，一张一弛，并驾齐驱，便有了"文青莲，武少林"之称，口口相传至今。不识字就做和尚这在古代青莲寺是万万不行的，青莲寺自创寺以来，历任住持都非常重视文化教育，寺内各院配备主僧、副主僧，均要通过考试来决定，类似过去的科举制度。如果不识字，还需在青莲寺补习文化，待考试过关后方可正式剃度。青莲寺以"文"著称，明太祖朱元璋登基后，就曾在寺僧中推广青莲寺的经验，下令在僧尼中实行考试制度。这是对青莲寺重视文化教育的肯定，也进一步确定了"文青莲"的地位。听到此说，不由得感慨，现代人常说重视文化教育，殊不知，青莲寺已为此进行了千余年的努力。

（2）上下两寺 艺术的时空对话

青莲寺寺院分为下青莲寺和上青莲寺两部分，古寺在下，新寺在上，相距不远。下青莲寺又称为古青莲寺，初名硖石寺，始建于北齐天保年间（550）。首创硖石寺的是北齐的一位高僧慧远。慧远法师俗姓李，祖籍敦煌，后来迁居到山西上党高都霍秀村（也就是现在的泽州县霍秀村）。13岁出家，16岁随师学法，精通大小乘经论，学成后返回故乡创立道场，讲经说法，创建了这座硖石寺。慧远生不逢时，遇到了周武帝灭北齐后的灭佛运动，于是退而隐居到太行山中埋头钻研佛法。灭佛运动时，和尚首当其冲，但慧远法师居然能够全身而退，也算是不幸中的万幸。三年后，武帝驾崩，他的继承人拨乱反正，恢复佛法，慧远复出后升任嵩山少林寺的住持。隋文帝开皇七年（587），慧远被钦点入京，住持大兴善寺的工作。在职期间，翻译经文，撰写佛学著作，为佛教文化的发展做出巨大的贡献。唐太和二年（828）在硖石寺上方又扩建了上院。咸通八年（867），重修下院，皇上批示，赐名两院为"青莲寺"，并敕赐"青莲"匾额。北宋太平兴国三年（978），上院被赐名为"福岩禅院"，下院仍称古青莲寺，从此，两院分为两寺。到了明代，福岩禅院又被改回称青莲寺。从此，上院叫做新青莲寺，下院叫做古青莲寺。历经时间的风雨，这两座寺院，合了又分，分了又合，名称改

图4-1　藏式佛塔

了过来，又改了回去，形成了现在的景象。

　　青莲上下两院中可谓国宝瑰丽，数不胜数，享誉中外的国宝级彩绘泥塑是唐宋两代所造，尤以下院弥勒殿的6尊唐代彩塑最为珍贵，为全国现存唐代寺观塑像3处中的一处，历经千年，彩塑工艺之静美，造型之生动清晰可见。殿中央弥勒塑像体态丰美、衣着服饰贴体柔美，"曹衣出水"的艺术风格在弥勒彩塑中体现得淋漓尽致，弥勒佛主双足下垂踏于莲台之上，坐姿也属唐代特有，宋代之后则很少见到。古寺中的藏式佛塔成为青莲寺的地标式建筑，塔高约25米，造型美观，端庄肃穆，这是印度佛塔的最初形式——覆钵式。佛教传入中国后，佛教的普遍教义与中国的实践相结合，产生了一种中国特色的"汉传佛教"。而印度佛塔也结合了中国的楼阁建筑艺术，产生了中国式的楼阁式塔。游客在中原大地看到的佛塔式样主流是楼阁式塔，反倒是藏传佛教继承了印度的佛塔建筑形式，以至于我们把这类塔称之为"藏式佛塔"。出古寺入新寺，天王殿、藏经楼赫然在目，藏经殿后的东配殿为罗汉堂，罗汉堂始建于唐，后来改称为观音

阁。宋代靖国元年改称观音殿，明万历三十八年，又改回来叫观音阁。现在所见建筑，创建于北宋建中靖国元年，现存的石柱、斗栱、梁栿等均为宋代遗物，而整体结构为清代重修样式。殿内供奉观音、善才和龙女；两旁分列十六罗汉。这些彩塑均为宋代原塑，明代重修。塑像体形匀称，符合人体结构，表情生动传神，确属宋塑中的珍品。子母柏则是青莲新寺三进院落中的一道生态奇观，母柏粗3米，高27米；子柏粗1米，高24米。相传百余年前殿前有两棵柏树，因为本地干旱，两柏均遭枯死。东柏被大风吹倒。住持招来工匠，决定次日将西柏也砍倒。谁知当天夜里，一株幼柏以神奇的速度，疯狂生长，攀着母树躯干附绕而上，紧紧抱住母柏。寺僧见之，以为天意，于是停止砍伐，遗留至今，成为美谈。此外，新旧两寺中的碑刻林立，成为研究青莲寺历史沿革的重要史料。新旧两寺修建年代不同，寺内各保存有艺术珍品无数；上下两院错落有致，仿佛隔空对话，见证着丹河的碧水、珏山的秀美和人类的智慧。

（3）青莲寺的意境

青莲之美不止在于它的建筑、彩塑价值，更在于它与珏山、丹河对

图4-2　青莲下寺

于自然与人文和谐相处的完美呈现。每次出高速口进入珏山—青莲寺景区，空谷幽静之风扑面而来，车绕山间，移步换景，三景区相依相偎，上有珏山双峰揽月，中有青莲佛教瑰宝，下有丹河碧波荡漾。奇山、秀水、雄刹、古寺、名木、山花，构成了一幅幅美丽的自然画卷，自古就被誉为"晋魏河山第一奇"。这里自然景观迷人，人文内涵丰富。

随着大众旅游时代的来临，宗教建筑的修复与重建规模之大，速度之快，在历史上也难以找到一个时代与之媲美。一时间，中国大地上，无论山村乡野还是城市街区宗教建筑拔地而起，大型宗教节事更是引起了游客的"井喷式"的增长。游客的潮水般涌入和宗教建筑的大量修建，往复循环，造成了当下宗教旅游总体需求旺盛，宗教供给迅猛发展的现象。这种现象也饱受宗教研究者的诟病，他们认为在这一发展过程中宗教精神已经湮灭，泥胎金身所带给人们的敬畏和崇拜已经消失，这一结果不仅来源于宗教本身的自我异化，旅游的经济刺激无疑起到了推波助澜的作用。但是青莲寺却是如此的不同，几十年喧嚣的旅游发展在它看来只是千年间的一瞬，你来与不来，我就在那里，保持着青莲寺特有的宗教文化空间。人们可以一夜之间新建一座寺庙，但是却很难在数年的光阴中完成对宗教文化空间的共建，空间需要有漫长岁月的积累，青莲寺则有这样的资本。珏山环抱、丹河环绕，寺庙居于其中，等待有心人的叩门问道。

（4）宗教旅游的体验

目前，造访青莲寺的游客主要以观光游览为主，寺院本身没有挖掘佛教文化产品，特别是依托佛教内容的项目体验设计几乎没有。事实上，青莲寺环境清幽，佛教底蕴深厚，非常适合游客禅修养生。寺庙禅修项目当属印度、韩国做得最好。每年全世界各地有近百万人蜂拥前去印度这个叫做"普那"的小城，只因那里有全世界著名的冥想中心——奥修国际静心村，如今已成为全世界最大的心灵成长园地。所有的人来到这里，就是为了亲近佛教大师的能量场。他们可能住一天、一个星期、一个月，也可以看一眼就走，但是也有一些人或者会住上一辈子。韩国也有世界级规模的禅文化中心，禅刹大本山的釜山市梵鱼寺，和釜山市政府、民间团体等携手合作，在釜山市金井山一带筹建世界级规模的禅文化中心。世界禅文化中心是代表东方精神文化之韩国佛教的禅法，让世界各地人士体验禅文化的道场。为保持梵鱼寺和金井山登山路一带的自然环境而设计此中心，将道场融入大自然中；并在此天然环境下举办禅修、健行静坐等活动，弘扬禅法。100万坪土地中，其中30万坪用作兴建以禅为主题，并与自然相结合的"禅文化体验馆"；另外70万坪土地（包括梵鱼寺和金井山城一带），将如实保存自然生态。同时向联合国教科文组织提报，争取把中心列入"世界文化遗产"。

国内禅修项目则当属无锡灵山大佛的禅修中心，又称灵山精舍，坐落于灵山景区东侧，建筑面积8868平方米，包括一个接待大厅、一个多功能厅禅堂、一个餐厅、95间客房、10间静坐室和2间茶室。禅修中心以禅修作为核心特色，一桌一椅，一门一窗都经过悉心打造，无不透露着宁静祥和、意趣无穷的禅意文化。其主要功能是针对有佛教禅修需求的特定人群，为其提供短期封闭式集体禅定、清修，并体验佛门生活的场所，从而净化内心的烦恼，提升生命的内在品质，体悟无常无我、缘起性空的生命实相，安享生命中清凉、自在、安详的本来面目。

世俗信徒对佛教的理解需要形象化的展示方式予以表达，这实质上是适应当下的佛教传播途径的改善，媒介即隐喻。现在多数历史底蕴深厚的佛教寺庙就是在没有适应现有的传播方式下，被很多当代寺庙所挤压，面临破败的危险。无锡灵山大佛增加了许多表演项目，有九龙灌浴，梵宫吉祥颂，请香立佛，五印坛城，放莲花灯等，其中最叹为观止的是九龙灌浴表演。根据佛教典籍《本行经》记载：佛祖释迦牟尼一诞生就能说话会走路，他向东南西北四个方向各走了七步，每走一步，地上就开出一朵莲花。他一手指天，一手指地，说道"天上天下，唯吾独尊"，这时候花园里忽然出现了两方池水，天空中出现九条巨龙，吐出水柱，为其沐浴净身。这个故事十分神奇，让人浮想联翩。更难得的是，灵山胜境的大型音乐动态群雕"九龙灌浴，花开见佛"再现了故事中的绚丽景象。在九龙灌浴广场，我们可以看到一座含苞待放的巨大莲花铜雕矗立在前方，巨大的荷花由四个威武的大力士托起，底部衬托着白色的圆形大理石水池，九条飞龙和八个形态各异的供养人环绕着巨大的水池。当《佛之诞》音乐奏响时，巨大的六片莲花瓣徐徐绽开，一尊高达7.2米全身鎏金的金身太子佛像，一手指天，一手指地，从莲花中缓缓升起，这时，九龙口中一齐喷射出数十米高的水柱，为太子佛像沐浴。顷刻间，广场四方鼓乐齐鸣，喷泉百态千姿。太子佛像在巨幅水幕中顺时针环绕一周，象征着"花开见佛""佛光普照"。随着乐声渐弱，莲花花瓣包裹着太子佛像缓缓合上。此时，喷泉周围八组凤凰的口中会流出净水，供大家饮用。这可不是一般的净水哦，按照佛教的说法，这是"八功德水"，即佛教"圣水"。

旅游的本身是出于体验的目的，无论是借助名山大川、人文遗迹还是现代景观，放松身心、获得精神上的愉悦是旅游者的终极追求。宗教旅游者更是主动寻找精神愉悦的朝圣者，虽然他们的动机各有不同，通常仅仅是为了释放压力、宣泄烦恼、祈福祷告，且极易受节事影响，对教义本身的关注远远低于自身对神灵的世俗诉求。但宗教的功能则在这场旅游大潮中得到了很好的弘扬和释放，普度众生、教化民众，关爱他人、关心社会，这些具有普遍意义的内容正是需要宗教旅游来借机实现的，宗教本身即是生命教育，宗教旅游即是生命教育的载体。我们应借鉴国内外的先进做法，发展宗教旅游，不只是在修建寺庙，更在于增加游客的教育体验。

2．一个洋人的情怀——六福客栈

旅游者的出行无论目的地是秀美的山川还是古朴的村落、抑或是沧桑的遗址，甚或是当下颇为流行的主题乐园，每一次旅行体验的收获都是对文化感悟的沉淀。而最能打动游者心中敏感神经的就是一种真善美的故事，它常驻游客心中，从此得以扩散。在沁河流域的故事中就有这样一个。

（1）从八福客栈到六福客栈

六福客栈真实的名字是"八福客栈"，是由英国独立传教士艾伟德创办，位于山西省晋城市阳城县东关城后巷。据《阳城县志》记载，1913年，英国人斯米德来阳城传教，在东关城后巷设立教堂，此教堂现基本完好，艾伟德在阳城时就住在这里，八福客栈与此教堂一路之隔。1921年后由简称为何、巴、艾的三个英国人依次办教。1938年，日军侵入阳城，艾教士离开阳城。后来好莱坞曾将这位小妇人在中国的一段传奇经历改编为电影《六福客栈》，八福客栈也就被大家叫为"六福客栈"。

（2）艾伟德与山西阳城六福客栈的传奇故事

时间进入21世纪的某一天，阳城县迎来了一群老外，他们来到阳城深寻八福客栈。在当地教会的帮助下，他们终于踏在了这个传奇故事的发生地，找到了残破到只剩下一眼枯井的八福客栈，还见到两个孤儿的后代。这群老外的到访揭开了"八福客栈"尘封已久的面纱，曾经有一篇博文这样写道：

"他们几乎是怀着朝圣的心情来到这里的，然而在这之前，这无比宝贵的八福客栈，阳城不知道，山西不知道，中国也不知道。那个无比宝贵的八福客栈不知什么时候被毁掉了，如果它还存在，或者被我们宣传出去，外国人也许会忽略郑州、太原，而直奔阳城。"

经过与造访者的深入交流，艾伟德的往事被呈现出来。艾伟德不远万里辗转来到中国，一路奔波到阳城，人地生疏，加上自己又是个单薄的外国女子，她被当地人称作"洋鬼子"。她投靠的罗森传教士到中国已经50年了，"原本浓重的苏格兰口音，加上不自觉掺杂的中国话"，使艾伟德几乎无法听懂她在说什么。然而就是在这样的环境中，艾伟德立足了，她把罗森遗留的房子改造成了客栈，而且把前来投宿的过路骡夫驯化得彬彬有礼，"他们不再喧闹，不用脏话呵斥骡子前进，也不唱那些低俗的地方小调，而是哼着诗歌"。这样稀奇的事情连

图4-3　中外记者探访六福客栈

当时阳城的县长也注意到了，亲自来拜访了艾伟德，还请她帮助政府推行"天足运动"，即说服当地的女子放弃缠足。艾伟德欣然接受并且坚持说服当地女子，艾伟德最让人惊叹的是她在阳城收养孤儿的善举。抗战进入胶着期时，日军的飞机轰炸了阳城，也炸塌了她的八福客栈，艾伟德在瓦砾中爬起来，重整家园，把客栈改成救护站，收留了因轰炸留下的40多名孤儿。1939年2月，日军闯入了传教士大卫在晋城办的孤儿院，艾伟德用自己的身体阻止这些残暴的日军对孩子们的伤害。回到阳城，艾伟德决定离开这里，转移到较为安全的后方城市西安，当她要把带一百个孤儿去西安的想法告诉县长时，县长无比惊讶，觉得她简直是疯掉了。但艾伟德坚持认为一百个都是神赐给她的孩子，一个也不能丢下。县长苦劝无效，只好多为她预备一些粮食，并派了两个信仰基督教的士兵陪她一起上路。就这样，在1939年，艾伟德带领一百名孤儿上路了，从山西阳城到陕西西安，历经了半个多月的磨难，终于到了西安，她把这些孩子全部交给了宋美龄办的孤儿院。

格拉蒂丝·艾伟德的传奇故事后来被英国记者写了书，书名为《小妇人》，还改变成了广播剧，在20世纪50年代末又被改编成好莱坞电影《六福客栈》，至此，阳城人才知道在阳城竟然发生过这么感人的故事。

（3）如今的景象

寻着历史的记忆，我们去寻访六福客栈的遗址。穿过位于阳城县东关的一条巷子，走了大约百十米左右，我们来到了一个叫做明月小区的地方。带领我们的人指着一幢家属楼说六福客栈就在这个地方，客栈坐东朝西，占地百十平方米。从新楼的背后望去，仍有一些旧房子掩映其中。新楼是一两年前才修起的，也就是外国人来寻访之后。当地群众仍把当年艾伟德与罗森夫人

图4-4　美国学者寻访六福客栈

居住的小院和房子称为"旧耶稣堂"，耶稣堂如今还在，但是已是岌岌可危。院子里面没有往日的唱诗，只有偶尔几个人的脚步声和相机快门声。紧挨着"旧耶稣堂"的院落——六福客栈空着，看起来完全荒废。走进里面，很难想象到这里曾经发生过那样可歌可泣的事迹。一个外国姑娘独自一人来到中国，生存、传道、抗争、在战火弥漫的年代救助了如此多的中国妇女、儿童。门口挂着"六福客栈"的匾额，下面书写"格拉蒂斯·艾伟德故居"，只有看到这些才提醒我们真的来到这个神奇的地方。六福客栈这一文化遗址已经被欧美文化做了很好的包装，它和中国山西阳城已经成了欧美国家20世纪40年代至50年代生人的特殊记忆。六福客栈在欧美的知名度远远超过中国，近年来不断有外国人前来参观游览。六福客栈是一种特殊的旅游资源，需要保护。六福客栈可以说是美国的媒体为我们免费打出的阳城名片。美国的查尔斯先生已经在着手考虑开发"六福客栈"的事情，在阳城搞一个旅游接待中心，专门接待从美国来参观的游人，每月来一个团，人数不少于70人。而我们是时候该做些什么了？！

（4）借助获泽古城提升六福客栈

阳城古称获泽（濩泽）。在阳城大地上有一条横贯东西的获泽河，她孕育了阳城古老的文明和厚重的文化。获泽是一个十分古老的名称，在《墨子》一书中，有"古者舜耕历山，陶河滨，渔濩泽"的记载。舜，有虞氏，名重华，是父系社会后期的部落联盟首领，被称为五帝之一。舜曾在濩泽中捕鱼，说明濩泽的名称至少在四五千年前就已经产生了。《穆天子传》有"天子四日休于濩泽"的记载。穆天子即周穆王，在位55年，大约在公元前十世纪。周穆王曾周游天下，《穆天子传》记他西游之事，说他曾与西王母相见，西王母大概是西北某一部落的女首领。周穆王在西行途中，曾于四日休于濩泽，并作居范宫以观桑者，说明在当时的濩泽不仅是一个湖泽的名称，而己经成为一个地域的名称，已经发展成为古代阳城地区政治、经济、文化的中心。沧海桑田，古濩泽虽然由于地质的变化而不存在了，但濩泽河仍然流淌着，濩泽的源头仍然水如泉涌，取之不尽，用之不竭。濩泽之源在固隆，濩泽故城在固隆，泽州故城在固隆。《濩泽之源》一书对固隆的古文化作了详尽全面的探究，为濩泽地域文化的建设奠定了基础、开拓了道路。探究濩泽历史，弘扬濩泽文明，使古老而厚重的濩泽文化发扬光大是时代的趋势。如今阳城政府对获泽古城东片进行了规划，六福客栈也在规划范围之中，六福客栈以及其承载的仁爱精神定会借此机会而弘扬海内外。

3. 音韵不息，八音花鼓

上党八音会是国家首批非物质文化遗产，沁河流域的许多村庄都有八音会团体，每当婚丧嫁娶、节庆庙会等大事件发生时，村庄中流淌的音乐韵律中不仅仅是喧天的鼓乐声，或嘻哈的流行音乐，鼓、锣、钹、旋、笙、箫、笛、管等乐器共同演绎的经典八音曲目成为乡亲们的最爱，看来民间对于八音会的热爱体现在最需要它的时候。八音花鼓萌生于战国秦汉时期，经历了两千多年的发展历程，在"文化大革命"时期八音会表演几乎被禁绝，1980年重新恢复并渐渐兴旺起来。2006年，上党八音会成为国家首批非物质文化遗产，之后，便开始了广泛的宣传表演之路。皇城相府借助相府景区平台，开发相府八音会表演项目，2008年，相府八音会赴北京为奥运会喝彩，铿锵有力的敲打节奏、热情奔放的表演风格、激昂高亢的音律声调，为国内外观众留下了深刻的印象。新中国成立60周年庆典、上海世博会、第六届中国艺术节，相府八音会表演团体均有亮相并引起轰动。2015年，相府八音会参加了台湾推介会，进行艺术的交流与推广。如今的八音会表演，已成为皇城相府接待中外游客最具特色、必不可少的品牌节目。

（1）民间八音会

民间的八音会是吹打乐，吹和打是并重的，是上党地区广为流行的音乐组织形式，之所以名为八音，是古代的金、石、丝、竹、匏、土、革、木。八音会最初是为了自娱自乐，为村民社火节庆等一系列民俗活动提供吹打服务，因而演出场所也就是庙会、庆典、街头舞台等。八音会所吹奏的曲目很多，有《节节高》《老花腔》《五花寿》等共90余种，逢年过节、迎神赛社，八音会都要热闹一番。早在新中国成立前，八音会在一些特定节日，集体出村烧香赶会，会员身穿长衫，戴礼帽，打"令子旗"，排成两队，一路吹打演奏，颇受乡里乡亲的喜爱。如今，八音会也常常活动，有的人还会三种以上的乐器。不论旧曲还是新调，八音会都能演奏。

八音会的成员都是来自平日面朝黄土背朝天的淳朴庄稼人，演唱时，八音会成员围坐一圈，自打自唱，不穿戏服，角色也不固定，还可以互换。主人家就用烟酒、宴席来招待八音会成员。入会的本村村民，每人都要学会至少一种乐器，如鼓、锣、笛、箫、笙、唢呐、扬琴等等。八音会多在农闲时或者阴雨天晚上活动，几百年来，八音会里都是父子相承，会员把自己所熟悉的音乐排调和演奏技术传授给自己的孩子，等到孩子长大能够入会替代父亲。长久以来，代代相传的礼俗用乐观念源于内心，使得民间音乐有着非常浓厚的社会气息与乡土气息，迎合了人们长期的精神需求而延续下来。八音会作为非物质文化遗产，依然在沁河流域内不断传承。与此同时，随着时代发展，传统的"家族式""师徒式"的班社结构正在被打破，八音会也不断面临着改良与挑战。

（2）作为旅游演艺项目的八音会

把八音会引入皇城相府，这对于皇城旅游的发展无疑是一种创新。动态的音律融合在静态的古城中，每一个音符都代表着一个故事，缥缈的音律透过深墙大院，弥漫在古城各处。相府的八音会显然在民间八音会的基础上进行了加工，更具有观赏性，演奏者夸张的演奏动作、变化多端的表情时刻吸引着远道而来的游客。游客在感受相府精妙的官邸建筑、深厚的耕读传家史的同时，听到八音会的演奏，你会瞬间放松下来，不再想导游解说中听到的晦涩词汇，不再看呆板的建筑格局，随着音乐的韵律，和着节奏频频点头。这真是一场及时的音韵传达，使大院瞬间变得立体，音乐的震撼力穿越了官邸与民家。你可能会好奇，是谁具有这样独到的眼光，把握住游客的需求，连蓁起了历史的纽带。说到此处，我们不得不提皇城

图4-5 八音会表演旧照

村樊书堂老师。

大多数在某一领域具有影响力的人，对于自己所从事发展的工作都倾注了无限的热爱，樊书堂老师也不例外。从1997年7月1日香港回归开始，樊老师就开始了他的文艺组织之路。为庆祝香港回归，北留镇组织了一场歌咏比赛——纪念七一暨香港回归歌咏比赛，在樊老师的带领下，皇城村的参赛曲目获得了特等奖。借此机会，为响应国家"一手抓物质文明，一手抓精神文明"的号召，并未解散参赛队伍，而是在1997年7月10日成立了文工团，进行文艺表演活动。文工团的成立，也为八音会的组织成立奠定了基础。2003年左右，樊书堂老师在文工团加入了八音会表演者，将晋城、高平一带的八音会引入皇城相府，进行八音会表演，随后八音会的表演正式成为皇城相府的表演节目。

相府八音会的表演者，经历了从非专业向专业化转变的过程。起初，皇城八音会的表演者主要是附近村民以及周边文艺爱好者，大家因为兴趣走到一起，各自表演自己的拿手绝活，并未经过专业训练，乐器、角色均不固定，仅仅是表演爱好者的聚会。随着皇城旅游的发展，游客增多，对于表演者的要求逐渐提高，表演也有了固定的时间限制，因而需要培养专业的八音会表演者。现在，八音会表演者除了民间艺人之外还加入了专业艺术系毕业的学生，表演者素质逐

图4-6 八音会（新）

步提高，队伍逐渐年轻化，也使八音会得到了创新和发展。

上党地区的八音会多以民间组织居多，艺人逐渐老化，传承人缺乏，具有区域独特性的艺术价值也逐渐流失，因而，对于八音会的保护与发扬迫在眉睫。随着旅游业的兴起，旅游景区成为旅游发展与传统音乐艺术传承最好的契合点，皇城旅游因八音会而立体可触，八音会也因皇城相府的平台而让更多的远方游客认识了它。可以说，原有的传播方式下，八音会的爱好者集中在上党地区，借助旅游的传播，八音会的音韵已被河南、山西两省的许多游客所熟悉。皇城旅游中的八音会表演，为皇城相府旅游的发展注入了新鲜的血液，这一艺术形式成为吸引旅游者的新亮点，增加了旅游消费中的娱乐部分，使游客感受到浓浓的乡土味道。同时，皇城相府也为八音会的表演者提供了表演平台和生存空间，成为八音会表演这一传统形式走出困境，得以创新、传承、保护与发展的关键。

（3）营造文化空间

文化遗产的产生与延续都与特定的文化空间有关。因此，要保护历史文化的根基，就首先要重视它们所根植、所依赖的乡土环境，保护它的生命之源。对于沁河非物质文化遗产的保护，应划定沁河文化保护区域，使其历史风貌、田园风光、村寨景象、村落形态、乡土信息融为一体，体现历史的延续性，保护的完整性，传承的活态性。避免将具体的"非物质遗产"项目从它的生存环境和背景中割裂开来，进行碎片式、片段式保护。

每一个历史文化名村孕育了自有而独特的民俗文化，民间艺术的非物质文化载体，是民族文化赖以生存的源头和根基。沁河流域的古村落体现并彰显了其价值，突出表现了晋东南地区的文化意义、经历与情感。而这种非物质文化遗产所表达的意义其实说明了古村落的延续不仅是它的建筑、历史、文化和艺术，更是具有沁河古村落特有的地方韵味、传统风貌和知识、地域特色，以及当地居民之间的交往产生的感情的载体，使得沁河的古村落与古堡得以延续。沁河古村落与古堡的一块块土墙青瓦，叠起一串串如烟的往事，画栋雕梁的屋宇高墙，镌刻着宗族的薪火相传，而那一段段曲调与舞蹈，那传承已久的冶铁制品与让人印象深刻的工艺复杂的焙面娃娃更是历史尘烟的佐证。因此不仅要保护、修缮古村落的历史风貌、街巷空间和文物古迹，更要保护古村落生生不息的人文元素。只有传承了这些文化基因才能使所保护的古村落具有历史的生活气息和生命力。

杨丽萍的《云南映象》树立了很好的榜样。《云南映象》是一台将云南原创乡土歌舞与民族舞重新整合的充满古朴与新意的大型歌舞集锦。演出本身跨越了舞台与现实的距离，参与《云南映象》演出的演员70%来自云南各村寨的少数民族，演出服装全部是少数民族生活着装的原型。《云南映象》自2003年8月首次公演之后，在全国28个大中城市巡回演出近500场，创下了3000多万元的票房收入。产业性开发既可为表演艺术类"非遗"的保护注入大量资金，也可以进一步促进其继承和发展。

非物质文化遗产的保护与发展需要文化空间和文化平台，许多传统民俗列入"非遗"之后，被束之高阁，常常在大型活动时作为一个节目表演、展示。舞台化的展示方式割裂了来自于民间的艺术与台下观众的距离，使得传统艺术失去了它所依赖的文化空间，变得孤独而不接地气。反倒不如在村镇的庙会中，这些"非遗"找到了自己的归属，演奏者自然流畅的表演，偶尔被懂行的游客夺过乐器，一起演奏一曲。庙会文化是一种复合形态，常常与宗教文化结合在一起，已经发展成集合了地方传统手工艺展示、土特产展销、民俗文化体验、祭拜、餐饮等为一体的社会现象，往往能够聚集大量的人气，带动交通、餐饮、文化等相关产业的发展。庙会一年四季都可举办，润城古镇民俗活动、宗教习俗众多，打造庙会旅游有很好的先天优势。八音花鼓，音韵不息，做到这一点不仅需要顺势而为，借助旅游景区，打造高端演绎产品，同时也需还原八音的文化真实空间，毕竟艺术只有扎下根来，才可以枝繁叶茂。

4. 手手相传，焙面娃娃

无论你走到沁河流域的任何一个古堡、古村、山里人家，泡麦枣馍、八八宴、小米煎饼都能从你耳边滑过，然后落在唇齿之间，体验着沁河土地滋养出来的美味。焙面花馍，也就是通常所说的焙面娃娃，是县级非物质文化遗产。花馍在北方是常见的民俗食品，但将花馍做成黄亮的身体，白皙的手脚，一个娃娃的造型还是很少见到。

（1）焙面娃娃的起源和发展——传承人的口述

关于阳城焙面娃娃的历史，我们在地方县志与历史文献中没有找到，阳城县文化馆内有焙面娃娃的陈列专区，陈列内容包括焙面娃娃的简介、盒装的焙面娃娃纪念品以及制作焙面娃娃的工具等。焙面塑，俗称焙面娃娃，它是阳城面塑的佼佼者，1994年曾经被选送参加"山西民间艺术一绝"中夺得金奖，之后参加中国文化部举办的"中国民间艺术一绝"中，获集体银奖。联想当下，我们已经很少看到焙面娃娃在市场上的身影，它已被高高地放置在博物馆里，用历史表述的方式表明它与当下的关系已经如此久远。之所以我们外乡人看不到这项县级非物质文化遗产活跃在当下，原因在于遗产传承人的逐渐逝去。手手相传的技艺正在因为传承人的接续问题，面临着濒危的境地。

据捏塑焙面娃娃的老艺人马贞元口述："我从小就见我母亲、祖母捏制焙面娃娃，我的手艺是她们教的。"马贞元老人于2003年谢世，享年91岁。若加上母亲、祖母两代人的年龄推算，他们家族传承的时间已两百年有余。

现在马贞元的女儿已50多岁，捏塑的内容、造型、形象、技法是从母亲那里学来的。阳城县剪纸与捏面塑名家老艺人王玉环、白青蕙也是家庭传承，二位老人于前几年去世，享年均在85岁左右。

老艺人王玉环曾经讲

图4-7　焙面娃娃

过在民间广为流传的故事："清朝光绪三年晋陕大旱，四处饥荒，又四年，华北大旱，饿死数万人。近臣向小皇帝奏本说：'天下大旱，赤地千里，百姓饥饿，甚至闹到人吃人的地步。'不谙世事的小皇帝说：'只要朝廷有粮吃，民间人吃人怕甚。'慈禧不悦，向下传旨：'让民间捏面娃娃食用，再不可人吃人造孽。'当圣旨传到阳城，荒灾大劫已过，十室九空，幸存的百姓正逢农历七月十五中元节，中元节既是鬼节又是预祝秋粮丰收的季节，乡人们纷纷焙制娃娃做纪念，之后延续成俗。"尽管是民间传说，却从百姓的口中听到了他们借焙面娃娃表达自己心中的期待：风调雨顺、粮食满仓，不再有饥寒交迫中泯灭人性的人吃人现象。事实上当地早已流行有七月十五蒸老娃和蒸面羊献地官爷的习俗，焙制娃娃恰巧与蒸老娃和蒸面羊献地官爷的习俗交合，在当地流行开来。

焙面娃娃的制作工具不同于一般面塑的蒸笼，是用阳城县独有的特制砂土套锅烤成，制作工艺复杂，烤焙时十分讲究火候。早年间阳城城关一带有套锅馆数十家，为人们焙烤面娃提供了方便，对焙面娃娃的形成也起着重要的作用。焙面娃娃的模样与内容均形式多样、内涵丰富，有历史传说、传统戏曲人物，也有富含各种吉祥寓意的动物飞禽、花蝶鱼虫图案，造型五花八门，有上百种之多，且大多以素色为主。娘家会给女儿送焙面娃娃，而这面塑的好坏巧拙，就代表着娘家一方的声誉，无怪乎焙面娃娃的工艺会日趋精良。

作为从传统手工技艺中诞生的艺术作品，焙面娃娃的发展经历了几个艰难的阶段。抗日战争时期，战乱频仍，民不聊生，人民生活在水深火热之中，在基本生命都难以保证的时候，焙面娃娃的制作也就无从谈起，逐渐衰落。到了解放战争时期，局势安定，人们重新拾起这项技艺，焙面娃娃重新兴起，得以传承。1953年工商业改造时期，私人工商业全部归公家所有，成立合作社，取消了套锅馆。私人蒸食铺逐渐取消，家庭主妇们缺少了烤焙面娃娃的工具，也没有地方可以烤焙，焙面娃娃逐渐退出了历史舞台，使用价值和民俗意义也随之消失。改革开放以后，专门致力于民间艺术、美术工作研究的专家学者开始找寻这些遗忘了的民间艺术，焙面娃娃的制作重新被重视。但是，长期消失的焙面娃娃技艺几乎已经失传，仅有零星几人还对它有着一点点记忆，传承似乎已非常艰难。

如今的阳城县内尚有个把既蒸面，又用套锅焙面，另外还加工其他食品的专业户。虽然生意不及以往兴隆，但每次遇到传统节日、婚丧嫁娶、法定假日之时，人们还是希望在闲暇时回想儿时的味道。由于时代的变革，一些传统节日渐渐淡出人们的节日记忆，焙面娃娃已慢慢不再成为人们把玩体验的手工技艺。在将要失传的情况下，阳城县文化馆业务辅导干部在经费极端困难的情况下，精心帮助和扶植了一批老将新手，使其延续发展，相继涌现出了一批又一批的优秀作品。

（2）手艺人的个人坚守

面塑，作为一种极富特色的传统手工艺术，种类样式繁多，在地域性和综合性上具有强烈的影响力。北方以面食为主，山西面食不仅种类繁多，制作方法也近百种。山西面塑就是其中一种制作方法，它与各地风俗环境有着千丝万缕的联系。在山西南部的新绛县、襄汾县蒸制面塑讲究染色，面塑制品华丽别致。霍州一带，面塑不讲究修饰着彩，有着朴素雅致的特点。忻州、定襄等地的面塑，则以塑为主，着色为辅。从面塑内容来看，大多面塑作品以自然事物取其吉祥之意为主题，例如，霍州的"羊羔儿馍"，古时的"羊"即是"祥"，有着"吉祥"的寓意。随着面塑实用价值的减少，以及当下人们生活节奏的加速，耗时费力的面塑技艺在逐渐消失。与其他传统手工技艺的命运类似，艺人渐渐故去，成为加速了它消逝的主要原因。

历史的发展需要关键性人物的推动，同样，文化的传承也少不了核心人物的付出。璩鸿琪，37岁的高龄，依旧在为焙面娃娃的传承尽着自己最大的努力，只因那一腔热情。在文化馆工作人员的解说中，我们捕捉到了璩鸿琪老人的名字，在提出访谈老人家时，文化馆工作人员担心老人年事已高，身体不适，多次叮嘱我们适可而止，我们也怀着忐忑的心情来到老人的家里。如今的璩鸿琪老人，行动不便，必须依靠着扶椅的力量才能勉强行走。但即使是这样，也无法阻止老人对任何一个访谈者谈及他心中的焙面娃娃。老人一说起焙面娃娃，精神百倍，侃侃而谈，滔滔不绝中透露着他对于焙面娃娃的热爱。

苦心学习、立志传承，璩鸿琪老人用自己的一生与焙面娃娃结下了不解之缘。20世纪五六十年代时，璩鸿琪意识到焙面娃娃面临几近失传的困境之后，在强烈责任感的推动之下，璩鸿琪老人自行寻找到马贞元、王玉环和白青蕙等人，一起探讨研究其传承的可能。根据三人的记忆和各自有的技术，

图4-8　璩鸿琪学做焙面娃娃

图4-9　璩鸿琪在教授妻儿制作焙面娃娃

回忆了焙面娃娃的制作过程，开始了个人坚守下传统技艺的传承之路。

为了将现有技术广泛传承，璩鸿琪老人竭尽所能，除了在一些艺术节上展览焙面娃娃，进行现场表演之外，老人多次培训年轻人学习焙面娃娃的制作过程，但事与愿违，培训的结果并不理想。无奈之下，老人只得劝说自己的家人，老伴、小女儿、儿媳妇是在他的强制要求下参与了焙面娃娃的学习，手把手教学，随时实验、研讨，在血缘关系的绑定下技艺得以延续，焙面娃娃在璩鸿琪老人之后终于有了第三代传承人。如今，老人虽年事已高，但坚持用颤颤巍巍的手刻写着他对于焙面娃娃的那份执着，他希望通过将焙面娃娃的制作过程与形式内容如实地记录在文字里，使得这个传统工艺不局限于手手相传，不拘泥于面面相对的传承方式，让更多的人认识到焙面娃娃的珍贵，让更多的人看到阳城人的智慧。

（3）传承，需要条件

相继离世的焙面娃娃的传承人，加上现有传承人年事已高，发掘、抢救、保护焙面娃娃手工技艺迫在眉睫。与焙面娃娃类似，我国现有传统手工技艺的传承举步维艰。原因大致为几个：一是因为传统技艺已失去它固有的民俗意义，退出历史舞台后的传统技艺传承起来更加艰难，需要更多的投入与付出；二是传统技艺的经济意义不大，没有实用价值，人们不愿意支付较高的价格购买。作为生产者，用较长的时间、较高的成本去完成一个经济利润低廉的商品，它就不会成为一项永久的谋生手段；再者，现在生活节奏加快，为了谋生，年轻人缺少时间学习钻研这项技艺，学习一两次之后也缺少练习，技艺不精，无法达到熟能生巧的地步。这些原因使得传承的基本条件消失，技艺的消逝也成为必然。

条件是可以创造的，从旅游开发的意义上讲，旅游业成为传统技艺传承的重要实践场所。随着现代文明的发展与人们饮食结构的变化，食品类传统手艺通常不可避免地出现这样或那样的问题，尤其是在旅游产品的开发方面。尽管焙面娃娃有食品的实用价值，但我们对它的关注更多的应该在它的体验价值上。现有的旅游开发，重视遗产的围墙式简单利用，缺少遗产的活化利用，尤其是与非物质文化遗产的配合利用方面表现较差。文化是一个可以观赏的去处，传统技艺正是符合了当下游客追求体验式消费，追求精神层面滋养的要求。试想皇城相府的景区中设置阳城民俗专区，融入下孔村的抄纸、阳城县的焙面娃娃等传统技艺，让游客在游览相府的同时，体验即将消失的文化印记，穿越历史，亲自感受焙面娃娃的制作过程，做一个伴手礼送给友人，私人定制，赏心悦目。

传统技艺的消逝也和大多数技艺的传授规则，例如传男不传女，传长不传幼等因素有关；没有跟随时代的变迁改变自身的传承和展示方式，固执守旧，也是造成技艺消逝的原因。同样作为传统食品的山东德州扒鸡，是一个拥有300余年历史的地方美食，它起源于明朝，创制于清代。康熙皇帝曾经赞誉德州扒鸡为"中华第一鸡"。如今，为了传承与保护德州扒鸡的技艺与文化，不仅举办了扒鸡美食节等活动，让更多的人了解扒鸡，了解德州，还建有博物馆，用以保存与展示德州扒鸡的相关历史资料。随着技术的不断创新，德州扒鸡的技艺也不断得到传承与发展，1986年德州扒鸡集团开始进行技术改革，完成了蒸汽加热焖煮扒鸡新工艺的设计和安装，后来又完成了真空包装的研发投产。传统技术的改进，增加了扒鸡的产量，真空包装的出现，又极大地扩展了扒鸡的传播范围。2006年，德州扒鸡的制作工艺被评为省级非物质文化遗产。

阳城焙面娃娃是沁河珍贵的文化记忆，是稀缺的民俗资源，我们一方面要利用好国家政策保护传承人及他的技艺，对其进行数字化记录，通过公共资金扶持，开办传承人培训班。改善传承环境，政府要加大宣传力度，利用媒体手段宣传焙面娃娃的现状，让更多人意识到传承的必要性。同时，地方政府需要学会在利用中保护，形成传统技艺开发的良性循环市场补偿机制。我国旅游产品的开发中，最忌讳的是，游客每到一地看到相似的旅游纪念品，带有浓郁地方特色的旅游纪念品总能让游客眼前一亮，驻足不前，旅游者的需求始终伴随着异地的特色体验而得以满足。传统技艺则是绝无仅有的地方特色文化，正好迎合了游客的求新、求异需求。注重产品创新、延伸产业链条，技艺体验、纪念品购买、民俗节庆都可以融入传统技艺的元素，使传统技艺在旅游开发中绽放它独有的魅力。

结语

尽管是生命都会有终结，但那是自然的生命，沁河滋养下的沁河文化赋予了山水、村落、民俗以社会的生命。随着旅游业的兴起，沁河流域的人们正在以积极的心态，以不同的方式演绎着再造魅力故乡的故事，这些故事记录着沁河人在延续文化传统中所做的各种努力。或是默无声息地研读家乡，或是声势浩大地彰显故土，正是这些努力使沁河的山水、古建具有了新的生命力。这是一次重生，借助于开发旅游的动机，却促使古老的沁河渐渐被唤醒，沁河文化正在游客的文化游历中逐渐被感知，成为唤醒沁河延续这些文化记忆的关键。从这个意义上讲，旅游带给沁河很多的改变，它将赋予沁河社会生命的机能，延续沁河社会生命的记忆，通过这些赋予和延续，去点燃游客心中文化认同的情怀，认识散落在沁河流域那片土地上的传统文化。

主要参考文献

张俊磊等著. 润城古镇——山西古村镇系列丛书[M]. 中国建筑工业出版社，2009.

王力恒等著. 上庄古村——山西古村镇系列丛书[M]. 中国建筑工业出版社，2009.

毕毅等著. 窦庄古村——山西古村镇系列丛书[M]. 中国建筑工业出版社，2009.

马海燕. 突围中的农民[M]. 太原：北岳文艺出版社，2005.

郭峪村志编纂委员会. 郭峪村志[M]. 太原：山西省地矿局运城测绘印刷厂，1995.

余英时. 中国文化的重建[M]. 北京：中信出版社，2011.

（日）西村幸夫. 再造魅力故乡[M]. 清华大学出版社，2007.

田澎中，贾承建. 梦回沁水[M]. 太原：山西人民出版社，2012.

玛丽亚·杨森–弗比克等编著. 旅游文化资源：格局、过程与政策[M]. 北京：中国环境科学出版社，2010.

Dallen J. Timothy著，孙业红等译. 文化遗产与旅游[M]. 北京：中国旅游出版社，2014.

葛水平. 河水带走两岸[M]. 太原：北岳文艺出版社，2013.

孙琴琴，任慧霞. 隐匿于山野的名门[J]. 邯郸职业技术学院学报，2013（2）：30–69.

樊满江. 工业文明，挥之不去的历史记忆 英国的工业遗产[J]. 世界遗产，2011（3）：34–41.

李德武. 淄博蒲家庄古村落旅游深度开发研究[D]. 中国海洋大学，2013.

李建军. 世界文化遗产的保护和开发研究——以安阳殷墟为例[D]. 四川师范大学，2011.

刘欣. 江南乡村叙事景观研究[D]，东南大学，2013.

沈世伟. Morice Jean-Ren. 法国古村镇的遗产保护与旅游发展的品牌网络模式研究——以"特色小城"协会为例[J]，贵州社会科学，2010（7）：39–44.

张花桃. 沁河古村落文化景观旅游开发研究[D]，桂林理工大学，2013.

后 记

时光荏苒，两度秋冬，《唤醒沁河》一书终于如愿完成。每当翻阅书稿时，前往沁河历次调研的场景仿佛昨日，每次回想起《唤醒沁河》几易写作主题的困惑时不免庆幸自己最终能站在本地人的视角，书写地方政府、地方企业、地方村民为唤醒沉睡的沁河而付出的不懈努力。也许是抱有哀其不幸、怒其不争的心理，山西旅游的发展历来被业内人士所诟病，而为山西旅游发展付出极大努力的地方建设工作和社区营造活动却很少提及。晋城的历史保护和旅游社区的营造工作历经十几年、几十年的都有，但建设者们为达成共同心愿而相互支撑，艰难前行，终见成效。我能为他们而书，备感自豪。

《唤醒沁河》一书获得了详尽的一手资料，这些资料真实、完整，我之所以可以将一个个活生生的故事呈现在您的面前，得益于很多人的热心帮助。首先感谢的是晋城市旅游局旅游管理科庞岱科长的鼎力相助，我和他虽有师生之谊，但他的热情周到，不得不说更是缘于对晋城旅游的挚爱。在庞岱的协调下，阳城县的宋松蒲、石向伟科长对我的调研工作给予了大力支持。其次，需要感谢的是参与访谈的地方文化精英，他们是地方旅游发展的亲历者。感谢皇城相府的樊书堂，郭峪的苗坤正、张江水老师，上庄的王晋强书记，砥洎城的张安明老师，嘉峰镇的潘建国老师，窦庄的马晓秋老师，南阳的王兴荣老师，焙面娃娃传承人璩鸿琪老师；感谢参与沁河调研的地方学者王扎根老师和王家胜老师。最后，需要感谢积极投身沁河旅游的企业家，皇城相府的张红兵、历山的孟翠萍、上庄的李景瑜、柳氏民居的贾浩伟、蟒河的柳志强、阳泰集团的常向阳、珏山何向峰等等。非常感谢他们的悉心聆听和慷慨相助，可以在我需要资料和图片时，不厌其烦地及时提供。

　　书稿付梓之际，郑重感谢山西大学"三晋文化传承与保护协同创新口心"对书目提纲、书稿内容的反复讨论，感谢行龙副校长（教授）、胡英泽教授、张俊峰教授等为书稿完成所做的很多幕后工作。同时感谢我的研究生高翠翠、吴莉婷、李亚茹同学，她们参与调研数次，整理访谈录音、参与书稿资料的整理，付出了很多的劳动。最后感谢山西大学文学院麻林森老师和山西省摄影家协会会员姚雪峰老师为本书提供了大量精美、清晰的照片。尤其是姚雪峰老师对于老照片的翻拍保存，为沁河流域旅游开发历程留下了珍贵的影像资料。

　　本书的完成尽量想呈现旅游地的具体建设过程，能力所限，呈现质量有待提高，不妥之处敬请各位读者指正，以利于我的进一步研究。